じんせいでさいこうのいちにち

88 Golden Stories of Wonderful Journey in my life.

ヒトはどうして旅に出るのだろう？

逢いたい人がいるから？
見たい風景があるから？
体験したいことがあるから？

旅に出て感じる世界のカタチは、
ひとりひとり、それぞれ違う。

一歩外へ飛び出してみれば、
そこには今までとは違う景色がきっとあるはず。

旅に出れば、人生の意味はどんどんシンプルになっていく。
旅に出れば、一日一日が宝物のようにハッピーに輝いていく。

さあ、旅に出よう。

CONTENTS もくじ

SPECIAL篇

人生で
最高の1日《いちにち》
〜極上のハッピーに包まれる旅のストーリー88選〜

はじめに

この本は、88人の人が語ってくれた、
旅先で出逢った「人生で最高の一日」を集めた本だ。

よくある、旅のプロによる旅ガイドではなく、
いい意味で、旅の素人のみんなが、赤裸々に教えてくれた、
「ここで、こんなことしたら、最高だったよ！」という身近な旅先が、
ガイド情報と一緒に、丁寧に紹介されている。

この本を創りながら、あらためて、想った。

旅というのは、誰にとっても、
「素敵なきっかけ」が詰まった宝箱のようなもの。

たった一度、数日間の旅をするだけで、
今までの人生を変えてしまうような、
素敵なヒト、モノ、キモチに出逢えるかもしれない。

この本は、88の楽しい旅先を紹介するガイドブックであると同時に、
88人88色の「幸せのカタチ」が散りばめられた、
幸せのガイドブックでもあると想う。

ゆっくりと、お楽しみください。

『人生で最高の一日』プロデューサー　高橋 歩

my golden day:
001

スウェーデン・ストックホルム

憧れの女性と異国の地で再会
～24歳初めての一人旅～

運命の再会を演出してくれた「魔女の宅急便」の世界。

2010年の春、東京で偶然出会った彼女に僕は恋をした。
あれこれ想像を巡らしたのも束の間、出会ってから3日後の朝に彼女は生まれ故郷であるスウェーデンへと帰国してしまったのだ。
そこで、単純な僕はこう考えた。

「スウェーデンへ会いに行くしかない！」

思い立ったら即行動。軍資金・パスポートなど必要な準備に取り掛かり、気がつけば僕は成田空港の搭乗ゲートをくぐっていた。人生初の海外、そして人生初の一人旅は、興奮と不安が僕の心を激しく揺さぶり、「海外」という未知の世界をあれこれ想像するたびに、ドキドキとワクワクで全く落ち着かなかった。

そして、無事に飛行機は早朝のスウェーデンに到着し、想いを寄せる憧れの彼女とは、ストックホルムで再会することが出来た。
僕らの1日は、中世の面影が残る「GamlaStan」から始まった。「魔女の宅急便」のモデルにもなったという旧市街を僕たちはのんびりと散歩した。まるで映画の世界に飛び込んだかのように、あまりの街並みの美しさに自然と溜息が出てしまう。そして、ストックホルム市庁舎の展望台、市立図書館などの観光名所を案内してもらいながら、ランチやFIKAを楽しみ、人生初のスウェーデンを心ゆくまで満喫した。

遠くはなれた異国の地で再会出来たこの日を、僕は一生忘れることができない。
一人旅で訪れたストックホルムの滞在期間は、たったの６日間だった。
２年後の春、**まさかスウェーデンへ移住し彼女と共に生活をすることになろうとは、当時の僕はそんな考えすら持っていなかっただろう。**

PROFILE

名前：坂村 駿　**年齢**：26歳　**職業**：会社員

ABOUT

国名・地域：スウェーデン・ストックホルム
1日のルート：ストックホルム旧市街「GamlaStan」→ストックホルム市街
旅の種類：一人旅

ACCESS

日本からフィンランドのヘルシンキを乗り継ぎ、スウェーデンのストックホルムへ。日本〜ヘルシンキは約10時間30分、ヘルシンキ〜ストックホルムは約1時間。

my golden day :

002

ボリビア・ウユニ塩湖

あの日、日本の裏側で

空を飛ぶ。星空を散歩する。雲の上を歩く。
「天空の鏡」と呼ばれる奇跡の絶景。

目覚めると『鏡の世界』の中にいた。

ボリビア。ウユニ塩湖。
ちょうど日本の裏側辺り、標高3800mに位置するこの湖は、雨期になると塩湖の表面に水が溜まり、『天空の鏡』とも呼ばれる奇跡の絶景へと変貌を遂げる。

朝。鏡の世界に光が射す。
暗かった空は群青、紫、ピンクと色を変え、太陽が顔を出す。
ここの朝日は日本の夕日。そう考えるとちょっと不思議な気分。
地球ってのは、僕たちが思っているよりもずっと小さくて、
案外速く回っているみたいだ。

昼。足元の鏡が空の青を映し出す。
右も左も上も下も、見渡す限り360度、青の世界。
前を見ると友人が空に浮かんでいる。
後ろでは別の友人が雲の上を歩いている。

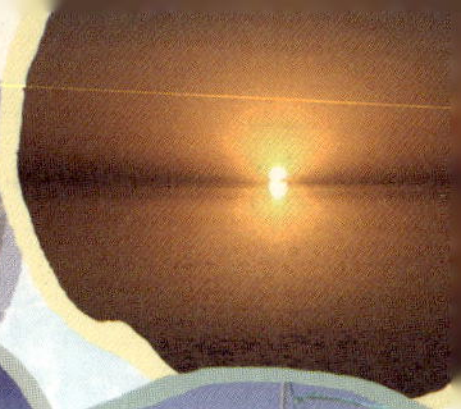

「ウユニに行けば空を飛べるよ。」

ある旅人が言ったこの言葉の意味がようやくわかった。
夕方。太陽が沈む。
光は濃い影をつくり、鏡が影を映す。
遮るものは何もない。目に入るのは太陽だけ。
色。音。空気。匂い。
普段は気にも留めないのに今日は違う。
向こうからビシビシと語りかけてくる。
五感を全部解放してこの世界を感じる。

夜。僕は宇宙にいた。
「これでもか！」と言わんばかりに上空に広がった星空は、星の瞬きさえも足元に映し出されている。踏み出せば落ちてしまいそうな闇の中に一歩一歩足を踏み出してみる。
そう。今夜はみんなで星空散歩。

何かをした訳ではない。何処かに行った訳でもない。
目の前にはただ何も無い景色。ただそこに居た1日。
だけどこの1日は他のどの1日よりも勝っている。

『何も無い』という世界がある。
『何も無い』からこそ見える景色がある。

日本の裏側でそんなことを感じた1日。

PROFILE

名前：横地 弘章　年齢：25歳　職業：公務員

ABOUT

国名・地域：ボリビア・ウユニ塩湖
1日のルート：ウユニ塩湖で過ごした1日
旅の種類：一人旅

ACCESS

日本から米国2都市、ボリビアのラパスを乗り継ぎ、ウユニ塩湖へ。往路の合計飛行時間は約22時間。

my golden day:

003

タンザニア・キリマンジャロ

長く過酷な1日

限界に挑戦した後の究極の達成感。
3歩進めば息が上がり、腰を下ろすと3秒で夢の中。
ココロが10回くらい折れたとき、
パワーを与えてくれたアフリカ最高峰のご来光。

2011年7月7日、キリマンジャロのキボハットで、満天の星空を見上げていた。気分は最高！ 体調は最悪…。パーティを組んだロシア人8人はここでリタイア。標高4700mの暗く静かな山小屋は、誰かが外で嘔吐する様子も丸聞えだった。結局一睡も出来ずに登頂へのアタック。3日間かけてここまで来た以上、丈夫な体を信じて前に進むしかなかった。転げ落ちそうな斜面をジグザグに登っていく。そんな中、タンザニア生まれのガイドはライトも持たず、ぐんぐん進む。
思わず、「本当にこの道でいいのか？」と疑ってしまった。

AM5:00。いきなり現れた5681mギルマンズポイント。思いがけない登頂！と喜んだのも束の間。「本当の山頂はここじゃない。」とガイドから衝撃の一言。更に1時間半進み、本物の山頂と言われるウフルピークを目指す。ただの呼吸にもあ゛ーあ゛ーと声が混じる。3歩進むだけで息が上がり、腰を下ろすと低酸素と睡魔で3秒で夢の中。コントみたいだけれど笑えない程必死だった。「もういい…」。心が10回くらい折れたとき、ご来光がパワーを与えてくれた。それに照らされて輝く、感動の永久氷河。そして、いよいよだとガイドが指さしたウフルピーク。彼の「あと少し」は思った以上に遠かった。

AM6:30。ついに成し遂げたキリマンジャロ登頂!! ガイドと抱き合い、ほんの少しだけ疲れを忘れた。やっとの思いで登ってきた5895m。けれど、山頂では感動に浸ってもいられない。ここから、滑り落ちるがごとく一気にキボハットまで下山。そして、ここで終わりと思いきや、体に鞭打ちさらに下界へ。4000m以上の高地で長時間滞在することは、体に大きな負担らしい。

PM18:00。2日前に出発したホロンボハットに到着。ようやく長い一日の終わり。もう何事も乗り越えられる気がした。今までの人生でズバ抜けて体を酷使した体験。最高の達成感。一生忘れない最高の1日。

PROFILE

名前：高土 聡子　**年齢：**29歳　**職業：**会社員

ブログ：地球の走り方「世界教室」 http://guide.arukikata.co.jp/aroundtheworld/

ABOUT

国名・地域：タンザニア・キリマンジャロ

1日のルート：AM0:00 キボハットからアタックスタート（標高4700m）→AM5:00 ギルマンズポイント到達（標高5681m）→AM6:30 ウフルピーク到達＝キリマンジャロ登頂！（標高5895m）→AM6:45 下山開始→PM12:00 キボハット到着→休憩＆疲れすぎて喉を通らなかった昼食→PM14:00 もう歩きたくないと思いつつキボハット出発→PM18:00 ホロンボハット到着（標高3720m）→夕食＆疲労困憊で就寝　長い一日の終わり・・・

旅の種類：世界一周中の登山旅

ACCESS

日本からアラブ首長国連邦のドバイ、タンザニアのダルエスサラームを乗り継ぎ、キリマンジャロへ。日本～ドバイは約11時間、ドバイ～ダルエスサラームは約5時間30分、ダルエスサラーム～キリマンジャロは約1時間30分。

my golden day :

004 ベトナム・ホイアン ランタンの町で

一人一人が自分色に輝けば、世界はもっと美しくなる。「旅している私は、いつもとなんだか違うんだ」

フエのホテルで寝台バスのチケットを買ってホイアンへ。「そんなに遠くない」とフロントのお兄さんは言ったのに、5時間近く山道を走り続けてやっとホイアンに到着。山道を危なっかしく走る車内でふと思った。

「私、旅してる」

1分単位で物事が進んでいく東京で、気づかないまま流れにのって生きている。知らない間に時間が過ぎていく。日常の忙しさで目が曇って、きっといろんなものを見逃している。バスに揺られながら漠然と日本での自分を振り返る。
そして思うんだ。

「今は違う。旅している私は、いつもとなんだか違うんだ」

自分の行き先に向かって、出会った人々の案内を信じて進んでいく。知らない地で、言葉も通じない運転手の壊れそうなバスに乗るのに不安はある。でも、なんだか満たされているんだ。不安とドキドキの間で、未知の場所に向かっていくことに。

「この満たされた感覚、いつぶりだろう？ 」

旅してみて気づく、自分の貧しさ。自分の周りにあるたくさんの美しさを見逃している私の目。心の底にある自分の思いを聞きそびれる私の耳。たくさんの優しさや愛情に気づいていない私の心。

自分自身を探求することは、きっと一つの旅なんだ。

だって、自分の新たな一面に出会ったとき、私の世界はまた一つ広がるんだから。

夜のホイアンは神秘的で美しかった。夢の中にいるみたいだった。カラフルなランタンが水面にきらめいて吸い込まれそうだった。カラフルな世界は、色とりどりだから美しかった。それぞれの色が光輝いているから美しかった。

きっと人間も同じ。
一人一人が自分色に輝けば、世界はもっと美しくなる。

PROFILE

名前： 平島 萌子　**年齢：** 22歳　**職業：** 看護師

ABOUT

国名・地域： ベトナム・ホイアン
1日のルート： フエから長距離バスで山道をひたすら走りホイアンへ→到着後バイクタクシーでホテルへ→ホイアンの町にて、ホイアン名物、ホワイトローズ、カオラウ、揚げワンタンを食す。（最高においしい！）→待ちに待った夜のランタンがきらめくホイアン歴史地区周辺でうっとり過ごす。
旅の種類： 友人との旅行・初めてのバックパックでの旅

ACCESS

日本からベトナムのホーチミンを乗り継ぎ、ダナンへ。日本～ホーチミンは約7時間、ホーチミン～ダナンは約1時間。ダナンからホイアンまでは陸路で約1時間30分。

my golden day :

005 カンボジア・シェムリアップ 本当の幸せ

**何かに怯え、挑戦をしない自分。
いつから子供心を忘れてしまったのだろうか。
カンボジアの子供たちの力強い、輝いた目。純粋な笑顔が羨ましく見えた日。**

幸せって何だろう…
改めてそれを考えさせてくれたのが、カンボジアに行ったその日からだった。
俺は、自分自身の生きている意味を探していた。
別にこの世の中が嫌だ！とかそういうものじゃない。
毎日を淡々と過ごし、日々が同じ繰り返しに違和感を覚えていた。

俺は刺激を求め、好きなカメラを片手にカンボジアへと飛んだ。
現地は、サウナの中に居るかの様な暑さ。
タオルで汗を拭いながら、たくさんのシャッターを切った。
絵に描いたかのような青空、様々な遺跡、一面に広がる田園風景、道端にはたくさんの牛。

俺は夢中になって写真を撮りまくっていた。
畑仕事をする大人の横で子供たちが無邪気に遊んでいた。

俺は、木陰に座りながら、その子たちをずっと眺めていた。
全力で遊ぶ子供たちは楽しそうだった。
何か特別な遊び道具があるわけではない。
自然の中にあるもので遊び、はしゃぐ子供たち。
「今」という時間を生きているように見えた。

俺が毎日、日本で求めていたものが、どんなにちっぽけなものかを感じさせられた。
新しいテレビが欲しい！　服が欲しい！　パソコンが欲しい！
これらを手に入れたら幸せだなと物欲にふける毎日。
そんな自分の考えが悲しく思えてきた。
子供たちの力強い目、その輝いた目が羨ましく見えた。

何かに怯え、挑戦をしない自分。
いつから子供心を忘れてしまったのだろうか…

カンボジアは発展途上国であり、日本が昔辿ってきた過去が現在のカンボジアにあるように感じた。

数年前まで内戦をしていた国とは思えないくらい、純粋な笑顔が印象的だった。
貧しいながらもイキイキと楽しく生活を送っている。

俺が日本に生まれ、何不自由の無い生活を送り、そこからみた世界…
実際、カンボジアに住んでいる人たちは貧しいなんて思っていないかもしれない。
ここには、日本人が忘れてしまった何かがあるような気がした。

本当の幸せ…それは人それぞれ違うけれども、旅を通して俺の考え方が変わったのは確かだ。

PROFILE
名前：神永 悦史　**年齢**：33歳　**職業**：自由人
ブログ：http://blogs.yahoo.co.jp/tabitabicanbodia

ABOUT
国名・地域：カンボジア・シェムリアップ
1日のルート：遺跡巡り→川や湖、田園風景をゆっくり周る
旅の種類：友人との旅・写真の旅

ACCESS
日本からタイのバンコクを乗り継ぎカンボジアのシェムリアップへ。日本〜バンコクは約6時間30分、バンコク〜シェムリアップは約1時間。

my golden day:
006

チリ・イースター島

世界で一番綺麗な青

世界で一番綺麗な青がある海で、水中モアイとご対面。水面の下には、地上とは全く別のアナザーワールドが存在していた。

世界地図の70％を占める青い部分。それはからっぽではなくて、水面の下には陸とは全く違う水中世界が広がっている。旅とスキューバーダイビングが趣味の私に、世界中の海を見てきた人が「世界で一番綺麗な青」と教えてくれた海がある。

転職を決めた社会人２年目の冬。個人では出来ない旅がしたいと思い、ピースボート地球一周の船旅への乗船を決めた。

沢山の世界遺産を訪れ、南極やケニアでは地球の美しさに心を震わせ、ブラジルではスラムを訪れリオのカーニバルに飛び入り参加し、地雷原の村では爆風の届く距離で爆破処理に立ち会う。船内では無料の語学やフラダンスなどに参加し、これから訪れる国の勉強をし、ゲストとして乗船していた高橋歩さんともお酒を交わした。現在の仕事へと繋がる、出会いと学びに溢れた人生最高の夏休み。中でも忘れられないのは不思議の島・イースター島での1日。

イースター島は空と雲と海と草原の鮮やかなコントラストがとても美しい島だ。抜けるような空の下、時々スコールに降られながらレンタバイクで巡る。15体のモアイ像が並ぶ有名なアフトンガリキやモアイ製造工場と言われるラノ・ララク。食人族の住居跡といわれる洞窟。鳥人伝説の断崖絶壁。ふらっと入ったレストランはもう絶品！

港からボートで沖に出て絶海の孤島と呼ばれるその海の、深いコバルトブルーの中へ沈むように潜っていく瞬間がついに来た。水深50mから、見上げた空が見える抜群の透明度。潮に流されるうちにまるで風を受けて空を飛んでいるような感覚になる。

そして洞窟を抜け光の中で固有種の魚やウミガメと遊んでいると、不意に水中モアイとのご対面の時が訪れる。モアイだらけのこの島だけれど、水中モアイと会えるのはダイバーだけなのだ。

綺麗な海は沢山あるけれど、地球の裏側で物言わぬ石の巨人が見つめる濃紺の世界を覗けたのは、忘れられない特別な1日になった。

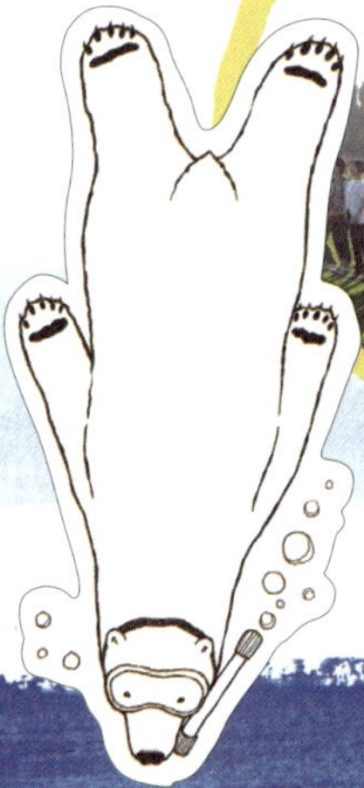

PROFILE

名前：馬場 友美　**年齢**：28歳　**職業**：団体職員

ABOUT

国名・地域：チリ・イースター島
1日のルート：上陸→ダイビング2本→バイクで島観光や食事や買い物→ダンスショー観覧
旅の種類：ピースボート地球一周の船旅

ACCESS

日本からタヒチのパペーテを乗り継ぎチリのイースター島へ。日本〜パペーテは約11時間30分、パペーテ〜イースター島は約5時間30分。

my golden day:

007

インド・ブッダガヤ

協力隊参加のキッカケになった1日

「お金があっても、目が死んでいたら終わりだよ」インドで目にした信仰と貧困、そして笑顔。

インド・ブッダガヤと言えど、年末年始は朝晩の気温が10度以下になり、かなり冷え込む。ウルトラライトダウンで、凍えるような朝にまず目にしたものは、冷たい地面に体を付けてお祈りをする仏教徒の姿だった。
仏陀（ブッダ）が悟りを開いたとされるマハボディ寺院では、
ところ狭しと朝から晩まで五体投地のお祈りをしていた。
日本では見られない荘厳な光景、心の平安を求める純粋さを感じた。

そんな仏教の聖地でも一歩寺院を出れば、多くの物乞いの人々にお金を要求される。バックパッカーにとって、日本では見ることのない、障害者や赤ちゃんと母親の親子といった物乞いの人々と、どう折り合いをつけるかはいつも向き合わなければならない問題だ。私の場合、この日は、**お金を払って自分の写真の"モデルになってもらう"ことにした。**

"対価を払う"ことでお金を渡したが、
それでも初めは嫌なことを強制しているかもしれないと罪悪感を感じた。
でも写真を撮れば撮るほど、その感覚はなくなっていった。

カメラを向けると、堂々としてる。
頭に布を巻いてオシャレな自分を撮影してもらおうとする。

この人達、たぶん自分の悪いところ見てないんだ。
良いところを見てる。
だからカッコつけようとするんだ。だから笑えるんだ。
全然目が死んでない。誇りすら感じる。
それを見て、**「お金があっても、目が死んだら終わりだよ。笑わないとだめだよ」**と教えられたような気がした。
インド・ブッダガヤで目にした物は信仰と貧困と笑顔だった。
日本に余っているものと足りていないものが見えた気がした。

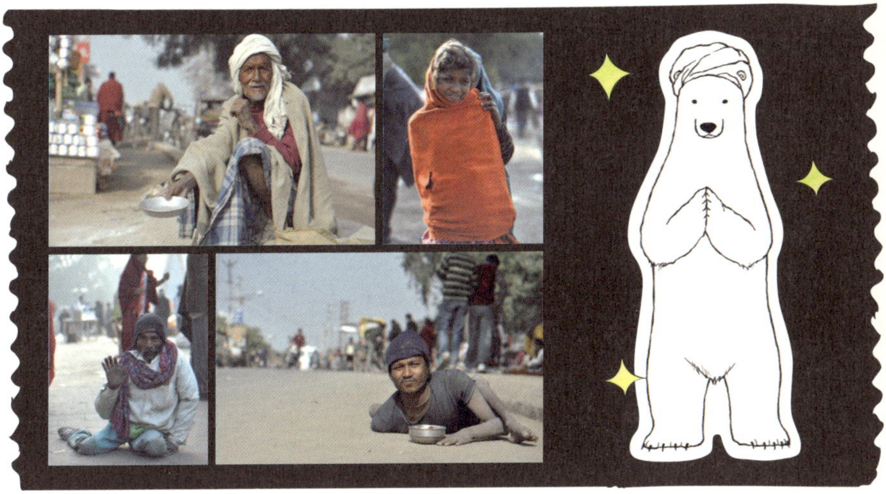

PROFILE

名前：澤本 拓也　**年齢：**29歳　**職業：**会社を休職し青年海外協力隊に参加中
ブログ：http://takuyainmozambique.blogspot.com/

ABOUT

国名・地域：インド・ブッダガヤ
1日のルート：宿坊（仏心寺）→マハボディ寺院→ブッダガヤ市内
旅の種類：一人旅

ACCESS

日本からタイのバンコクを乗り継ぎ、インドのカルカッタへ。日本～バンコクは約6時間30分、バンコク～カルカッタは約2時間30分。カルカッタからはブッダガヤまでは、列車約8時間、バス約30分の陸路移動。

my golden day : 008

ミャンマー・バガン

朝日に染まる広大な大地で

世界中、どんな土地にも朝の来ないところはない。この広い世界の1日の始まりの一端で、今までの自分を静かに見つめ直し、自分の未来にも想いをはせる。

カンボジアのアンコール・ワット、インドネシアのボロブドゥールとともに世界３大仏教遺跡に数えられているミャンマーのバガン遺跡群。
初めて写真で見たときに衝撃を受け、一人この悠久の聖地へ赴くことにした。

多くの観光客がサンセット、サンライズを見るために特定のパゴダ（仏塔）に集中するのだが、もっと静かで落ち着いたところで朝日を見たいと思った私は、仲良くなった現地人に穴場スポットを教えてもらい、そこへ訪れることにした。

翌朝、夜明け前に起床。自転車で道に迷いながらも目的のパゴダに到着。
まだ辺りが暗くしんとした空気の中、パゴダに登り、日の出を待った。
ついに太陽が大地から顔を出した。徐々に辺りが明るくなってきたと同時に、バガンにある遺跡群が朝日に染まりながら、その美しい姿を現した。遠くの空には赤々とした太陽と気球が浮かび、言葉に表すことができないほどの幻想的な光景がそこにはあった。

世界中どこの地でも朝が来ないところはない。

また、太陽の表情はその土地を取り巻く環境によって全く異なるものとなる。

様々な土地で普遍的に幾度も繰り返される日の出の光景。
そんなこの広い世界の一日の始まりの一端ではあるが、このバガンという広大な地で、今までの自分を静かに見つめなおすとともに、これからの自分の未来に向けてわくわくする気持ちが交差した。この日のことは一生忘れない。

VALUE

SPECIAL

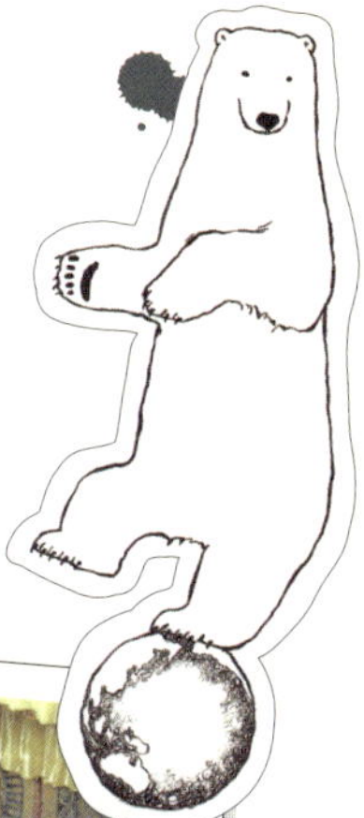

DAY

COOL

PROFILE

名前：塩川 絵理奈　年齢：23歳　職業：学生

ABOUT

国名・地域：ミャンマー・バガン

1日のルート：起床、自転車で名もないパゴダへ→朝日を見る→朝食→様々なパヤー、パゴダ見学→エーヤワディー川周辺の散策

旅の種類：一人旅

ACCESS

日本からタイのバンコクを乗り継ぎ、ミャンマーのヤンゴンへ。日本～バンコクは約6時間30分、バンコク～ヤンゴンは約1時間30分。

my golden day : 009

ペルー・マチュピチュ

天空の都市で交わした約束 ～マチュピチュを照らす光の下で～

孤高の天空都市で交わした、大切な約束。彼からの突然のプロポーズに、これからの人生を一緒に歩むことを決めた一生の想い出。

念願の地、南米ペルー。
飛行機を乗り継ぎ、クスコ到着後、陸路にてオリャンタイタンボへ。
そこから、電車でマチュピチュ村へ向かう。
電車から見える景色は、リアルなビックサンダーマウンテン！
高山病を恐れて、おとなしくしていたいところだが、初めて見る景色に私たちのテンションはあがりっぱなしだ。
その後、バスに乗りマチュピチュ遺跡へ到着。
この日は遺跡を探索しつつ、ワイナピチュのてっぺんを目指した。
道なき道を進み、辿り着いたその場所は、眼下にマチュピチュ遺跡、
見渡せばアンデス山脈！という極上のてっぺん。
岩に腰かけながら、気持ち良さげな笑顔を見せる多国籍な人々。
幸せな空気が流れている。

あまり人のいない早朝のマチュピチュを見てみたかったこともあり、夜は隣接したホテルに泊まり、のんびり過ごした。

翌朝、目にしたのは霧がかった幻想的なマチュピチュ。
私たちはお気に入りの場所を見つけ、遺跡を眺めながら、物思いに耽ったり、たわいもない話をしたりしていた。
しばらくして、マチュピチュを囲む山々から姿を見せた太陽。
陽の光が降り注ぎ、あたたかい空気に包まれた、その時…。

彼からの突然のプロポーズ。

幼なじみであり、親友であり、ソウルメイトでもある彼とは20年来の付き合いだ。
私にとって、自分が自分らしくいられる、かけがえのない存在。
そんな彼と、これからの人生も共に歩んでいくことを決めた。

温かく見守ってくれた太陽はとても美しく、空に手を掲げて、「これが私の指輪！」と一言。

孤高の天空都市で交わした、大切な約束。
この日は、一生の想い出となった人生最高の日。

PROFILE

名前：降矢 夏海　**年齢：**29歳

ABOUT

国名・地域：ペルー・マチュピチュ
1日のルート：オリャンタイタンボ駅から電車でマチュピチュ村へ→遺跡を探索→ワイナピチュ登頂→遺跡に隣接するホテルに宿泊。
旅の種類：友人との旅行（後に婚前旅行となる）

ACCESS

日本から米国1都市、ペルーのリマを乗り継ぎ、クスコへ。クスコからマチュピチュまでは、バスと列車の陸路移動。クスコ～オリャンタインタンボまでバスで約2時間、オリャンタインタンボ～マチュピチュ最寄り駅までは列車で約3時間。そこから、マチュピチュまでバスで約30分。往路の合計飛行時間は約18時間。

my golden day:

010

イタリア・ベニス

最後の家族旅行はハジマリの旅

ディズニーシーなんて目じゃない！ 世界最古のカフェで、ふと感じた家族で一緒に旅行できる喜び。

私は就職で海外へ、弟は大学で県外へ・・・
「きっとこれが家族４人最後の家族旅行になるだろう、だから貴方たちが行きたいところへ行きましょう!!」そう母親に言われ、私達姉弟が思い立ったのはイタリア・水の都“ベニス”だった。

ベニスへ向かう船から、ベニスを見渡した時ドキドキが止まらなかった！

ディズニーシーなんて目じゃない！

こんな夢のような場所が存在するのかと驚きを隠せなかった。
父はそれよりも、船の中にいくつの言語が飛び交っているのかの方が気になっていたみたいだった。「世界中の人種がいる」という父の結論を聞いて、私はわくわくした。
どんな人にとっても魅力的な場所ということなのだから。

本島に到着し、色々見て回りたい気持ちも抑えながらホテルへ向かった。
アットホームで可愛らしいホテルにチェックイン。

まずはとにかくピザとパスタが食べたかった。
「さっきあの人が食べていたピザが美味しそうだったの！」と言う母の言葉を信じ、半信半疑でそのレストランに入った。
見たこともないようなピザを恐る恐る食べてみると・・・
日本では絶対に味わえないような激ウマピザ！

食事を終え、適当に路地裏をてくてく歩いていく。
魅惑的な仮面のお店に準備中のレストラン・・・そして一番行きたかった場所にたどり着いた。
ナポレオンが世界で最も美しい広場と絶賛したサンマルコ広場だ。
広場にある世界最古のカフェで演奏を聞きながらゆったりと過ごした。
このカフェで、家族４人が一言も喋らず各々が物思いに耽った数分間があった。
私はふと思った。
私達が家族で親子であることに変わりはない。
しかし子は自立し自身の人生を歩み旅立って行く。
親は結婚、子育てを終え、第３の人生が始まる。
一人一人がまた新たな人生を歩みだすのだ。

日が落ちてくるにつれ広場は少しずつ夜の美しさを見せていった。
今この瞬間、家族でここに来る事ができて本当に良かった。

PROFILE
名前：東 麻里絵　年齢：22歳　職業：日本語教師（助手）

ABOUT
国名・地域：イタリア・ベニス
1日のルート：サンタルチア駅→船で本島へ→ホテル→絶品ピザレストラン→路地裏散策→サンマルコ広場
旅の種類：家族旅行

ACCESS
日本からイタリアのローマを乗り継ぎベニスへ。日本～ローマは約13時間、ローマ～ベニスは約1時間。

my golden day:

011

トルコ・ボアズカレ

消えた大帝国を訪ねて

消えた大帝国ヒッタイトの遺跡をひとりじめ。広がる草原の先に、過去の神殿をイメージしながら、歴史の風を感じて過ごした贅沢な時間。

大帝国ヒッタイトを知ったのは今から何年前だろう。中学生だった。
ある漫画の作品で舞台になった場所である。
図書館に通っては、ヒッタイトやエジプト関連の本を読みあさった記憶がある。
しかし、あまり情報がないのだ、この帝国は。
同じころ、同勢力で戦っていたエジプトは、見どころも満載だし、あまりにも有名である。

そんな大帝国の首都ハットゥシャ、今は町の名をボアズカレという。
アンカラからバスやミニバスを乗り継いでやっとボアズカレに到着する。
世界遺産でありながら、行くのにも不便な地にあり、まだまだ訪れる人は少ないようで、観光客は私とツアーバス1台。

ツアー客はあっという間にいなくなり、ほぼ遺跡独り占め!

壮大さと、昔建っていたであろう神殿や門をイメージしながら、一人でぼ〜っと風を感じながら時間を過ごした。

遺跡の奥には断崖絶壁があり、自然の防御壁で敵から守られ、大帝国となりえたという。
今はただ草原とほぼ遺跡の土台だけとなったこの遺跡だが、私にとっては昔から行きたかった場所。
一人でゆったりと満喫出来てとっても贅沢な時間となった。

PROFILE
名前：淺見 真紀　**年齢**：29歳　**職業**：薬剤師

ABOUT
国名・地域：トルコ・ボアズカレ
1日のルート：アンカラ→スングルル→ボアズカレ→ハットウシャ遺跡
旅の種類：世界一周一人旅

ACCESS
日本からトルコのイスタンブールを乗り継ぎ、アンカラへ。日本〜イスタンブールは約12時間、イスタンブール〜アンカラは約1時間。アンカラからボアズカレまでは、バスで約3時間の陸路移動。

my golden day :

012 イタリア・ナポリ
ピッツァ発祥の地"ナポリ"での短い1日

「ナポリを見てから死ね」
この言葉を見た瞬間から旅程は決まっていた。

旅行先のイタリアのことを調べている私の目に、この言葉が飛び込んできた。

" Vedi Napoli, e poi muori ! (ナポリを見てから死ね) "

この言葉を見た瞬間から旅程は決まっていた。

2012年4月23日、インターシティ (特急列車)に乗り込んだ私は不安だった。チケットを日本からインターネットで予約していたのだが、なにせイタリア語だったので不安だった。

ドキドキしながら車掌さんに印刷した紙を手渡した。

「Si(ハイッ)」

車掌さんからのチェックを終え、笑顔で返してもらう。

「Grazie(ありがとう)」

夫として男を上げた瞬間だった。その時、妻が寝ていたのが残念でならない。

ナポリに着き、すぐに港に向かった。目指すはサンタルチア港である。

妻が学生時に習っていたサンタルチアの唄を口ずさみ、隣にいる私の気分も最高だった。

異国の地で、手をつないで歩ける幸せ。

曇り空だったが、ナポリの海はとてもきれいだった。遠くに見えるヴェスヴィオ火山、ふもとはポンペイ遺跡かと想像も膨らませる。近くのヌーヴォ城では結婚式が行われていた。
その横では小学生が遠足。皆同じ帽子を被るのは万国共通かな。
「コンニチハ。」
小学生にも旅行者というのは分かったみたい。
ナポリはピッツァ発祥の地として有名である。人気店に行ってみると大行列。
予約をしようと、会話帳で言葉を探していると
「日本の方ですか？」
まさかの本日２回目の日本語が！？ 店員さんに日本の方がいました。少し会話をし、いよいよ席に着く。テーブルにピッツァが到着。トマトソースにチーズが散りばめられ、バジルがアクセントとして添えられている。まさにイタリアの国旗である。ナイフで切り取り、口に運ぶと、モチッとした触感と共に口全体に旨味が広がる。最高である。

水を持ってきた店員さんに伝えた。

「molt Buono!(とってもおいしい)」

恥ずかしがらずに表現出来た。店員さんも笑顔だった。

“ピザ”は日本でも食べられるが、”ピッツァ”はナポリにしかないと感じた。
“ Vedi Napoli, e poi muori ！” まさにその通り。
すごく短くて最高な１日だった。

PROFILE

名前：長久 大　年齢：27歳　職業：教員

ABOUT

国名・地域：イタリア・ナポリ
1日のルート：ローマ→インターシティ（特急列車）でナポリへ。→サンタルチア港で散歩。→ヌーヴォ城見学。結婚式に遭遇。→町の中心地スパッカ・ナポリにあるピッツェリア"ディ・マッテオ"に！ 地元のナポリっ子に大人気の店で食事。→インターシティでローマに到着
旅の種類：ハネムーン

ACCESS

日本からイタリアのローマまで約13時間、ローマからナポリへは列車で約2時間。

my golden day: 013

ミクロネシア・ジープ島

娘と一緒に“月の入り”を見たJEEP島

月が隠れた途端、真っ暗闇になった。そこにはトリハダもんの満天の星空が広がっていた・・・家族で学んだ学校では教わらない感覚。

日本から3500キロ、ミクロネシア連邦チューク州のトラック環礁内にある直径34メートルの小さな島、JEEP島。それが中学2年と小学6年の娘たちの海外デビューとなった。

常夏の南国には珍しく蚊がいないから、小屋に泊まらずに娘たちと外で寝た。電気は発電機を使って18:00から一日4時間しか使えない。だから**22:00以降は月明かりだけが頼りだ。**

真夜中に目覚めるたびに、西の彼方に月が水平線に向かって沈んでいく。
娘を起こして一緒に“月の入り”を見た。
月が隠れた途端、真っ暗闇になった。そこにはトリハダもんの満天の星空が広がっていた・・・。

シンプルな生活に 自分の中の野生が目覚め、動物的な勘が研ぎ澄まされていくように感じた。本当に大切なものは何か、本当に必要なものは何か・・・娘たちも学校では教わらないことを皮膚感覚で学んだと思う。
何より嬉しかったのは、ずっと海を怖がっていた次女の一言。

「パパ、海が好きになったよ」

何もない場所で不便を楽しみながら島時間を過ごせたことは家族の宝物になった。

PROFILE

名前：中村 伸一（中村隊長）　**年齢：**50歳　**職業：**旅行業&飲食業

ブログ：「地球探検隊」中村隊長の公式ブログ　http://ameblo.jp/expl/

ABOUT

国名・地域：ミクロネシア連邦・チューク州ジープ島

1日のルート：朝日→スノーケリング（オプション）→サンドパラダイス（オプション）→ダブルレインボー→夕日→星空→月の入り

旅の種類：家族旅行

ACCESS

日本からグアムを乗り継ぎ、ミクロネシアのチュークへ。日本〜グアムは約3時間、グアム〜チュークは約1時間40分。空港のあるウェノ島からジープ島までは車で約40分+ボートで約40分。

my golden day :

014

スイス・グリンデルワルド

前へ一歩、踏み出す勇気をくれた旅 ～アイガーに見守られて～

自分の足で歩いたからこそ出逢えた！ アイガー北壁の壮大な景色に勇気をもらったハイキング。

天気予報は外れた。突き抜ける青空—

雪が解け、ハイキングコースがオープンしたばかりの５月、私の留学生活最後を締めくくるスイスの一人旅は始まった。
カウベルのカランコロンという音で目覚め、窓を開けると目の前には光り輝くアイガー北壁がそびえ立つ。アルプスを眺めながら朝食を食べ、スニーカーにリュック背負っていざ出発！
５日間の貧乏旅行、頼るは私の２本の頑丈な足。電車ももちろんあったけど、ひたすら、ただひたすらアルプスのハイキングコースを歩いた。
最初に選んだコースは、まだオープンしたばかりともあって、人が少なかった。道は砂利道で、人が横に２人入るのでギリギリなくらい。すると1匹の大型犬に出逢った。山小屋の飼い犬らしい。私に着いてくる。私が止まれば彼女も止まり、歩き始めると彼女も歩き始める。途中すれ違う人に「君の犬？」と聞かれる程なついていた。結局彼女は私が街に戻るまでついてきた。道はなだらかで景色もよかったが、今思えば横は一歩足を踏み外せば、怪我は免れない急斜面。後で聞いた話なのだが、そのコースは地元の人でも行かない危険なコースだったらしい。きっとあの犬は、私がちゃんと街まで戻れるか心配して、守ってくれたんだと思う。彼女は今も元気だろうか。
他の日、映画にもなったアイガー北壁の麓を歩いた。電車を使えばあっという間だったが、私は歩いた。他に誰もいない。大自然を独り占め！
自然を見て、訳もなく涙が出てきたのは初めてだった。
「1年弱の留学生活を終え、もうすぐ私は日本に帰る。これから先どうなるかわからないけど、たとえどんな苦しく、つらいことがあってもきっと乗り越えていける！」自分の足で歩いたからこそ出逢えた景色に、そう思った。帰国して、1年あまり。くじけそうになった時はあの山と、そこでもらった根拠の無い自信を思い出す。大丈夫、きっと乗り越えてゆける。

PROFILE

名前：小野 亜季子　**年齢：**22歳　**職業：**学生

ABOUT

国名・地域：スイス・グリンデルワルド
1日のルート：グリンデルワルドYH→付近のハイキングコースをひたすら歩く
旅の種類：一人旅

ACCESS

日本〜スイスのチューリッヒは約12時間30分。チューリッヒからインターラーケンまで列車で約2時間30分、そこからグリンデルワルドまでは車で約30分。

The Golden Day in My Life - SWITZERLAND

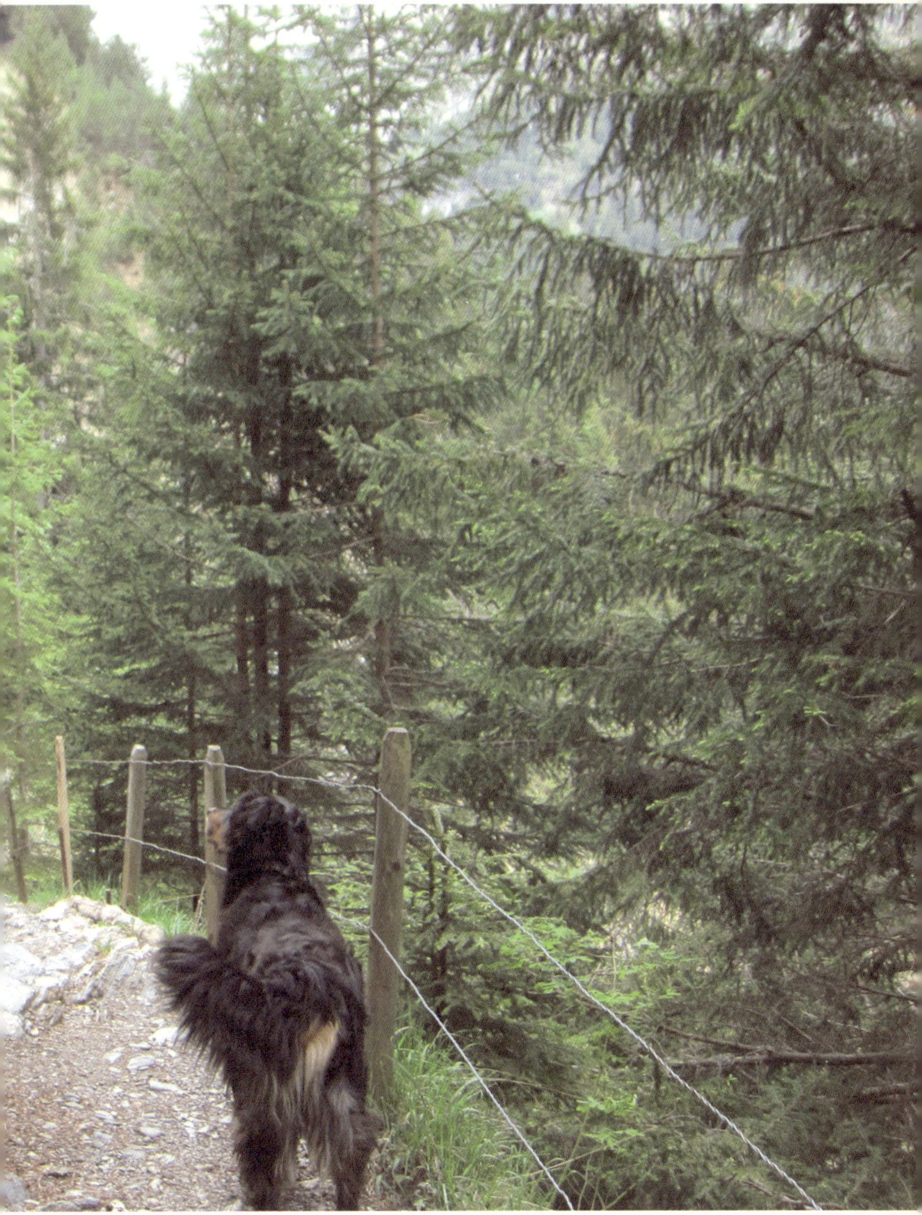

my golden day:

015

中国・雲南省

夢の場所 ～天空の棚田へ～

今、現実にその場所に立っている！
夢で見ていた棚田の風景に導かれて中国へ。

四川省・成都から日本へ帰る飛行機に乗り遅れ、「中国に引きとめられている」と勝手に感じて向かった場所、雲南省・元陽。雲南を北上してきた旅人たちが、口を揃えて「元陽はよかった」と言っていたのが気になっていたのだ。

1日タクシーをチャーターして棚田巡りをすることにした。
朝5時に宿を出発し、朝陽が昇る絶景スポット多依樹へ。
翌年の田植えに備え、シンと冷えた水面が、みるみる光り、オレンジ色に染まっていく様子には思わず息をのんだ。
すっかり陽が昇った後もしばらく余韻を楽しんだ。
次に向かった現達には、どこまでもどこまでも続く広大な棚田があった。
一段一段が等高線のようだ。
そこには運転手さんと私の二人きり。誰に邪魔されることもなく、壮大で圧倒的な景色をゆっくりと眺め、人の営みを感じた。

そのときふと思い出した。ある晩、夢でみていたのだ。以前にテレビで見た棚田の風景を。
忘れていたが、その夢がきっかけで旅先の候補地に中国を選んだのだった。

今現実にその場所に立っている！

そう気づいた瞬間、いっきに鳥肌が立った。

そして、黙って私の後方で佇んでいた運転手さんに向かって、溜め息を漏らすように言った。
「ほんとうにすごい」
運転手さん（というより、この地域に住むほとんどの人）は、英語も日本語も通じない。私も中国語は話せないし、漢字を書いても、大概がよくかわらないという顔をされてしまう状況だった。そのため、言葉が通じないとわかった瞬間から諦めて日本語で話しかけていた。
でも不思議なことに、一緒にいた時間、言葉は理解できなくても、お互いの言いたいことはだいたいが理解できた。
私の感動も彼にはきっと届いたはずだ。
その後、運転手さんにうどんをおごってもらったり、マーケットを散策したり、棚田風景の中をドライブして宿に戻った。
宿近くのご飯屋さんで大好きな卵とトマトの炒め物を食べながら思った。

黄金色になる季節にまた来よう。

PROFILE

名前：杉山 夏美　年齢：30歳　職業：会社員

ABOUT

国名・地域：中国・雲南省
1日のルート：チャータータクシーで朝5時に宿を出発→朝陽に染まる棚田を見に多依樹へ→広大な棚田を見渡せる現達へ→移動の途中で昼ご飯（雲南うどん）→ハニ族が集まる老孟マーケットへ→ドライブしながら宿へ戻る
旅の種類：一人旅

ACCESS

日本から中国の北京を乗り継ぎ、昆明へ。日本〜北京は約4時間、北京〜昆明は3時間30分。
昆明から元陽へは、長距離バスで約6時間。

my golden day： ロシア・シベリア

016 過去と未来を繋いだ日
〜悠久のアムール川、一万年の時を超え〜

大河も凍らせてしまうシベリアの冬。
一万年前の人々によって描かれた芸術「岩画」と出逢う。

日本を出発すること数時間。眼下には広大な森が広がっていた。春を迎えつつあった日本とは打って変わり、シベリアは一面の雪景色。確かに北の大地へ向かっているのだと気づかされる。ウラジオストクへ到着し飛行機を降りると、冷たい空気が体を包み込んだ。目の前には白樺の森、上を見上げれば澄んだ空が広がり、遂にシベリアの地へ来たのだと実感した。
この地には、「一体どんな人々が暮らしているのか、どんな出会いが待っているのか」期待に胸を膨らませ今回の旅が始まった。

今回、私はあるプロジェクトに参加するためシベリアへ向かった。それは、「岩画」の拓本を採ることである。「岩画」とは岩に彫った絵のことであり、**シベリアには一万年前の人々によって描かれた岩画が数多く存在する。**
それを、日本の伝統技術である「拓本」という技法を用いて、複製を採ることが目的であった。

現場まではバスで向かい、その後1時間程森の中を歩いた。森の中は明るく、キラキラとした雪で覆われとても美しかった。森を抜けると、そこには雪原が広がっていた。

しかしそれは凍った川であるというから驚かされる。

シベリアの冬は大河をも凍らせてしまうのだ。

そして遂に岩画を目の前にし、一万年の時が刻まれた芸術なのだと思うと、体が震えあがるようだった。今回採った拓本は、一部シベリアの博物館に寄贈される。太古の人々が描いた岩画を私達が拓本という形で残し、未来の人々へ繋げる。時を超えた出会いに浪漫を感じると共に、活動の一助となれたことを嬉しく思った。過去・現在・未来が繋がった、私にとって最高の1日である。

PROFILE

名前：秋山 潤平　**年齢**：23歳　**職業**：大学生

ABOUT

国名・地域：ロシア・シベリア

1日のルート：ハバロフスク→バスでサカチャリアン村へ→アムール川まで徒歩で向かい、終日岩画の拓本作業→宿へ戻り、みんなで乾杯！

旅の種類：調査活動

ACCESS

日本からロシアのハバロフスクまでは約2時間30分。ハバロフスクからサカチャリアン村までは、陸路で約1時間。

my golden day:

017

カナダ・プリンスエドワード島

プリンスエドワード島で迎えた特別な日

青空の下、「赤毛のアン」の世界で、目の前に広がった一面黄色の菜の花畑。花の香りにふんわり包まれながら眺める美しい島の色模様。

プリンスエドワード島。
この名前を聞くだけで、心が温かく懐かしい気持ちになるのは、私だけではないはず。
「赤毛のアン」の舞台となった、カナダ東部に位置する小さな島だ。

島に着いてまず向かったのは、島の名物ロブスターの専門店。生まれてこのかた、これほど大きなロブスターを見たのも食べたのも初めてだった。主人と二人で食べていても、感動の言葉しか出てこない。
食後、車に乗り込み、青々とした草原を横目に赤土の一本道をひた走る。
初夏の爽やかな風が気持ち良い。
次の目的地は島の観光名所「赤毛のアンの家」。物語の世界がそのまま再現されたその家も興味深かったが、私が心をつかまれたのは途中に立ち寄った菜の花畑だった。
青空の下、目の前に広がった一面黄色の菜の花畑。 その奥には美しい湖、そして湖の畔には小さな可愛らしい家がぽつぽつと建っている。私はしばらくその場から動きたくなかった。

写真に収めても、絵に描いても、この**花の香りにふんわりと包まれて眺める感覚**は形に残すことができない。

それからダウンタウンに向かい、日の長い島の夕刻をのんびりと散歩して過ごした。まだ強い日差しが照る中、少年が水遊びをしている。賑やかなダウンタウンでさえも、都会の喧騒からはかけ離れた穏やかな時間が流れている。
夕食を終え、この日のために奮発して予約した五つ星のペンションへ。クラシックな雰囲気を残したまま改装した部屋にはアンティーク家具が揃い、「赤毛のアン」の物語から出てきたような可愛らしさ。

暖炉の火が赤く燃える部屋で、私はゆっくりと30歳になる瞬間を迎えた。
この日のことを思い出すと、いつも私の心はじんわり温かくなる。

PROFILE

名前：田口 麻理　**年齢**：31歳　**職業**：旅芸人の妻

ABOUT

国名・地域：カナダ・プリンスエドワード島
1日のルート：プリンスエドワード島→ロブスターの昼食→菜の花畑（フレンチ・リバー）→赤毛のアンの家→ダウンタウンを散歩、夕食→ペンションへ
旅の種類：夫と二人旅

ACCESS

日本からカナダのトロント、ハリファックスを乗り継ぎ、プリンスエドワード島へ。
日本〜トロントは約12時間、トロント〜ハリファックスは約2時間、ハリファックス〜プリンスエドワード島は約30分。

my golden day: **018**

モロッコ・サハラ砂漠

静かなサハラ砂漠で、最高の宇宙と太陽を。

砂漠に寝っ転がって見上げる満天の星空。
静寂の世界に差し込んでくるまぶしい朝日。
「ああ、地球は回ってるんだ」

「砂漠に行きたい！」

ナゼかわからないけど、昔から砂漠に心惹かれていた私。
旅大好きな彼と結婚して、3週間の休みを取ってハネムーンへ。
もちろん、目指すはサハラ砂漠のあるモロッコ！

PM5:00。
「陽が落ちる頃に、ホテルの前にラクダが迎えにくるよ」と言われて待っていたら、やってきた2匹のラクダたち。
名前はなんと**「ボブ・マーリー」**と**「ジミ・ヘンドリックス」**。

ファンキーなラクダたちに乗って、かっぽらかっぽら、今夜泊まるテントまで。
砂漠の砂は足を取られるから、自然とスローな動きになる。
ラクダもラクダ使いのおじさんも、のんびりとした顔をしている。

陽が落ちきった頃にテントに着いた。
夜ご飯にテントの外で食べたタジン鍋は、格別の味だった！

「君たちラッキーだね！　今日は風がないから外で寝ていいよ」
ニッコニコ笑顔のラクダ使いのおじさんに誘われて、テントの外で寝ることにした。

見上げると、満天の星空！！
今まで見たことないような星の数。

寝っ転がって、真っ暗な夜空と輝く星々を見ていると、
まるで宇宙遊泳してるみたいな気分になった。

彼と２人で、
「これからどんな人生にしたいか、死ぬまでにどんなことをしたいか」
宇宙を感じながら、ゆっくり話をした。

うとうとして、ふと目を開けると、さっきよりも月が移動している。

ああ、地球は回ってるんだ。
そんなことを想いながら、星空の中で眠った。

AM5:00。夜明け前。
さらさらした砂漠の砂を素足で感じながら、彼と２人で散歩した。

砂漠は、音が静かだ。
砂が音を吸収するからかな。

歩いても歩いても、砂しかない。
砂漠の真ん中に光が走り、朝日が昇った。
まぶしい朝日を眺めながら、２人で静かに歩いていた。

あの日は間違いなく、私の人生の最高の1日。

PROFILE

名前：響&賢一朗　**年齢：**29歳（旅の当時）　**職業：**会社員

ABOUT

国名・地域：モロッコ
1日のルート：メルズーガのホテルからラクダで移動→サハラ砂漠のテントで一泊
旅の種類：ハネムーン

ACCESS

日本からフランスのパリを乗り継ぎ、モロッコのカサブランカへ。日本〜パリは約14時間30分、パリ〜カサブランカは約3時間。カサブランカ〜メルズーガは陸路で半日移動。

my golden day：

019

オーストラリア・バイロンベイ

バイロンベイの景色

サンライズからサンセットまで…
表情を変え続けるバイロンベイの海に感動。

バイロンベイに住んで４ヵ月。
もうじきこの町を離れると思ったら、無性に雲に隠れていないサンライズを見たくなった。
まだ真っ暗な内から歩いて向かう道の途中、なんだかワクワクしてきて、足取りが軽くなる。
「まだ5時前なんだ」って思うと気分がスッキリしていた。
少し雲はあったけれど、今までで一番よく見えて友だちと一緒に感動した。

いつものように学校に行って授業を受けた後は、町を歩いて写真を撮る。
真っ赤な一眼レフを構えていると、笑顔で「Hi!」なんて声を掛けてくれるバイロンの人たちの気さくさを感じながら、ビーチまでゆっくりと歩いていく。
学校からビーチまで徒歩5分、放課後のこんな探索も、カメラを構えて歩くと、いつもと少しだけ違うように感じた。
何度も友だちと探索したこの町並み。
沢山の人が旅立っていったこの場所。

一人で歩いていると寂しさと不安と、期待と楽しさで不思議な感情に出会った。
英語でも日本語でも表現できない、この気持ち。

ビーチでは友だちに会っておしゃべりしながら過ごして、サンセットを見た。
サンライズは何度も見ていたけれど、サンセットは初めて。
海の表情がどんどん変わっていくのが印象的で、すごく幻想的に想えた。

バイロンベイの海は本当にとても綺麗で、何度見ても感動する。

メインビーチから遠くにライトハウスが見えるのが好きで、何度も何度も写真を撮っていたけれど、その時もライトハウスの位置を確認して、シャッターを押した。
サンライズで始まって、バイロンベイの町並みを楽しみながら、ビーチのサンセットで終えた1日は、この４ヵ月で一番心に残った日。
ここでの生活をまとめたような1日が過ごせて充実した日。

PROFILE

名前：田代 美歩　**年齢：**23歳　**職業：**フリーター

ABOUT

国名・地域：オーストラリア・バイロンベイ
1日のルート：早朝4時に家を出発して、ライトハウスまで歩いてサンライズを見に行く→その後は学校へ行き授業を受ける→夕方、街を歩いてバイロンベイを満喫→メインビーチに行き友人に会い、おしゃべりをしながら過ごし、サンセットを見る
旅の種類：ワーキングホリデー

ACCESS

日本からオーストラリアのゴールドコーストへ約9時間。ゴールドコーストからバイロンベイまではバスで約3時間。

my golden day :

020

ドイツ・ベルリン

歴史と戦争と命と向き合った日

「この場所に来て、初めて自分が生きていることが奇跡に近いのだと感じた」
人類の負の遺産を前に、命と真剣に向き合う。

仕事を辞めて、ヨーロッパ鉄道一人旅をしていた。

ドイツは旅慣れてきた6ヵ国目。列車に揺られながら普段は考えない様なことを色々考えた。原発、戦争、歴史…ドイツへ行くからには絶対にこの目で見てみたいと思っている場所があった。人類の負の遺産「ユダヤ人強制収容所」である。

ベルリン1日目、昼食を済ませ、足早にザクセンハウゼン強制収容所へと向かった。ベルリン中央駅から近郊電車の最終駅まで行き、そこから徒歩20分。「地球の歩き方」の地図にも欄外で載っていない様な所だった。

一体どんな場所なのだろうか…きっと目を覆いたくなるような残酷な光景がそのまま残っているのだろう。歩きながら、そんなことを考えていた。しかし予想とは裏腹に、そこはドイツらしくモダンで美術館だとすら勘違いしてしまいそうな外観の建物だった。私は拍子抜けした。

早速中へ入り入場料を支払おうと受付のお姉さんに話しかけた。「No Charge」と一言返ってきた。ドイツは自国が犯した過ちを認め後世に伝えようとしているのだなと感心した。日本も見習うべきだなと心から思った。収容所の敷地はとても広く様々な国籍の人がいたように見受けられた。当時の収容者達の寝室、浴室、労働所などが生々しく残っていた。

この塀の中でどれだけの罪の無い命が失われたことだろうか。
時を経てその場所に日本人の私が立っている。

不思議ではあるが、この場所に来て初めて自分が生きていることが奇跡に近いのだと感じた。

私が紹介した旅は「人生で最高の1日」というテーマにそぐわないかもしれない。勿論このヨーロッパ旅行の中で、新しくできた友達とお酒を飲んだり有名な観光地を巡ったりと人並みに楽しいこともしてきた。しかし「最高」の定義は人それぞれだろう。

あの日が私を命と真剣に向き合わせてくれた忘れられない1日だった。

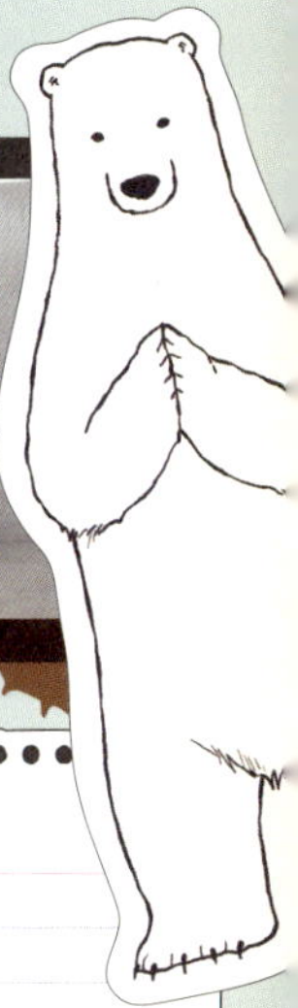

PROFILE

名前：林 耀　年齢：22歳　職業：研究員

ABOUT

国名・地域：ドイツ・ベルリン

1日のルート：カフェにて朝食→アレキサンダー広場（世界時計見学）→ベルリンの壁博物館→チェックポイントチャーリー→ランチ→ザクセンハウゼン強制収容所→ユース近くのピザ屋にて立ち食いピザ→ユースホステル帰宅

旅の種類：一人旅

ACCESS

日本からドイツのフランクフルトを乗り継ぎ、ベルリンへ。日本〜フランクフルトは約12時間30分、フランクフルト〜ベルリンは約1時間。

my golden day:

021

アイルランド・アラン諸島

霧の向こうにあるもの

霧の中にかすむ島からの景色。でも、これでいいのだ。ここに来れただけで、十分満足だった。

ダブリンからゴールウェイへ移動し、いよいよ船でアラン島へ・・・
というその朝、天気は悪く、今にも雨が降りそうだった。
恐ろしく揺れる船に乗り、島に到着。船酔いでふらふらしながら、「さて、どうやってドゥーン・エンガスに行こうか」と思っていると、馬車のおじさんに声をかけられる。
雨も降ってきていたし、「これも経験かな」と思い、乗せてもらう。

荒涼とした道を抜けて、馬車は進む。
おじさんが、「晴れていればアイルランド本島が海の向こうに見えるんだ」と教えてくれる。途中、カフェに寄って休憩。お店にいた真っ白い猫は、毛並みが少し硬くて、この島の特産品である"アランニット"の手触りを思い出させる。

そこからは、歩いて目的地を目指す。
何もない、寂しい、けれど美しい景色の中を、雨に濡れながら進んで行く。
30分ほど歩くと、ドゥーン・エンガスに辿り着く。
切り立った崖があり、強い風が吹き荒れている。柵も何もなく、真下は海だ。
ここからの景色が見たくて、ここまで来た。
でも、天気が悪くて、霧でかすんで、何も見えなかった。

「がっかり…」と言いたいところだけれど、これでいいのだ。ここに来れただけで、十分満足だった。

そして、馬車へと戻る。
待っていてくれたおじさんは、島や自分の馬について、嬉しそうに話す。
そこで気づく。**この島の寂しさや厳しさを超えて感じられる、美しさや力強さは、歴史とここに暮らしてきた人々によって紡ぎ出されるものなのだ**と。
帰りの船の中で、荒れる海を見つめ、「いつかまた来れたらいい」と思う。
そして、ここに行くことを薦めてくれた大切な友人に、「どんな話をしよう」と考える。
その思いだけで、この1日は、特別なものになる。

PROFILE

名前：西村 まり子　**年齢：**27歳　**職業：**会社員

ABOUT

国名・地域：アイルランド・ゴールウェイ、アラン諸島（イニシュモア島）
1日のルート：ゴールウェイ→ロッサヴィール→アラン諸島（イニシュモア島）→ロッサヴィール→ゴールウェイ
旅の種類：一人旅

ACCESS

日本からイギリスのロンドンを乗り継ぎ、アイルランドのダブリンへ。日本～ロンドンは約12時間30分、ロンドン～ダブリンは約1時間20分。ダブリンからゴールウェイまでバスで約3時間、ゴールウェイからイニシュモア島までは、フェリーで約40分。

my golden day : **022**

オーストラリア・シドニー

世界がつながった日

「こんな遠く離れた国の人が、見ず知らずの日本人をこんなに熱く思ってくれるなんて」シドニーで感じた人々の温かな感情。

シドニーの中心街、タウンホール。

人生初の海外で、短期留学中のある日。2011年3月11日。東日本大震災のニュースが豪州中をゆるがした。新聞は女の子が一人屋根の上で取り残されている写真が一面になっていたり、テレビをつければ、「ジャパン、ジャパン」だった。

私はそんな状況に耐えられず、現地で出会った日本人の方々と一丸となってボランティアを始めた。初めは赤十字のＨＰアドレスを書いたビラ配りだけをしていたのだが、ある時、通りがかりの女性がものすごい勢いで「募金をしたいんだけどどうすればできるの！？」と熱心に訴えかけてくれる方がいた。

「こんな遠く離れた国の人が、見ず知らずの日本人をこんなに熱く思ってくれるなんて」と胸がいっぱいになり私は思わず泣き出してしまった。

その女性は私のところへ来て優しく抱きしめてくれた。

それだけじゃなかった。「その日はもう解散にしよう」とミーティングをしていたときのこと。(失礼ですが、)よぼよぼのおじいさんが私達のところへ来て「ビラをくれ」と言うので1枚渡すと、「もっと！」と言い、なんと、私達の代わりにビラ配りを始めてくれたのだった。

その後、私達は被災者へのメッセージを書いてもらうチャリティイベントを開催した。メッセージカード入れの箱の横に募金箱を置いておき、したいと思った人にだけ募金してもらえるようにしておいた。人通りの感じや、この不況の中で、しかも名も無い団体で…ということも考え、目標は5万円だった。一日限りのイベント。
思ったより多くの人が立ち止まり、優しい言葉をかけてくれた。結果、目標の約3倍の15万円。**「奇跡が起きた」**と思った。
普段感じない温かな感情に触れ、「生きていく中で大事なことってこういうことなんじゃないか」と気づかされた、最高の1日だった。

「私達は皆友達なんだ」

通りすがりの人が言ってくれた、この言葉が忘れられない。

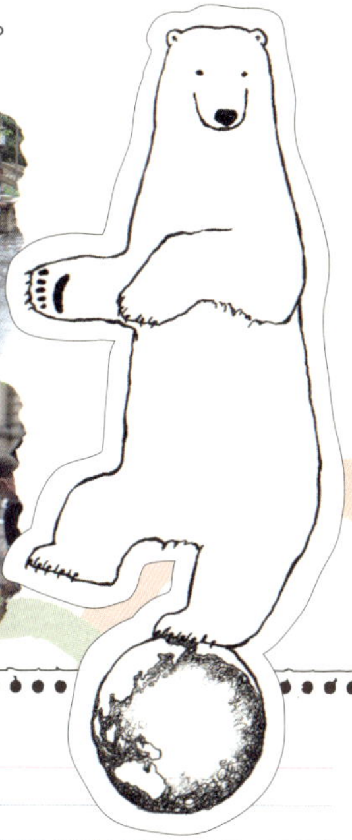

PROFILE

名前：正木 久美子　年齢：22歳　職業：大学生

ABOUT

国名・地域：オーストラリア・シドニー
1日のルート：ずっとシドニー(タウンホール駅)
旅の種類：留学

ACCESS

日本からオーストラリアのシドニーまで約9時間45分。

my golden day：

023

フィンランド・サーリセルカ

下痢のちオーロラ

誰もいない2人きりの世界で、壮大なオーロラの天体ショーに遭遇。

日本から飛行機、夜行列車、長距離バスを乗り継ぎ52時間もかかって辿り着いたフィンランドのサーリセルカ。**「死ぬまでにオーロラが見たい」**という夢を、大好きな彼と実現させていることが嬉しくてたまらなかった。

サーリセルカ2日目の朝、目覚めると彼の姿がなかった。部屋を探すと、洗面所で下着を洗っていた。･･･彼は往路の途中から下痢に襲われていた。整腸剤を飲んでも全くよくならず、日に日に彼はやつれていた。ネットで詳しく調べてみると、「旅行者下痢」というものがあり、脱水症状にならないようにと唯一飲んでいた硬水が原因ということが分かった。そこからスポーツドリンクに変え、下痢のせいでほとんど睡眠ができていないので、その日は1日寝て安静にしてもらうことにした。

夜、彼が起きてきて、「体調がまし」というので、お腹が空いている私の希望で、トナカイバーガー（獣の味がした）を食べにいき、スーパーで飲み物を購入して帰っていた。帰り道、ふと空を見上げるとオーロラがはっきり現れ始めた。急いでロッジに戻り、マイナス20度に耐えられるよう防寒し、街のはずれまで急いだ。そこへ行く途中で強いオーロラが出現した。ゆらゆら揺れるオーロラの素晴らしい天体ショーを堪能し、彼の体調も万全ではないので、その日はロッジに戻ることにした。彼の表情も明るくなっていて本当に嬉しかった。

しかしそれだけではなかった。ロッジに帰る途中、また空にオーロラが出始めていた。もう街に戻っていたので、少しでも暗いところへと、宿泊しているロッジの裏の林へ急いだ。
すると、ちょうど私達の真上にものすごいオーロラが現れた。
言葉にならず、子どものようにキャーキャーと飛び跳ね、抱き合って喜んだ。
その林は観測する人も誰もいない二人きりの世界であった。

観測して待ったオーロラを見たのではなく、まるでオーロラに出会ったようであった。

下痢のちオーロラは最高に幸せだった。

PROFILE

名前：大西 杏奈　**年齢：**20歳　**職業：**大学生

ABOUT

国名・地域：フィンランド・サーリセルカ
1日のルート：10時起床、ロッジのベッド→洗面所で彼を発見→ホテルのパソコンで検索し「旅行者下痢」を知る。→スーパーで栄養ドリンクを購入→ベッドで睡眠→20時頃、街のバーガー屋でトナカイバーガー購入→スーパーで栄養ドリンクを購入→オーロラに出会う
旅の種類：恋人との旅行

ACCESS

日本からフィンランドのヘルシンキを乗り継ぎ、イヴァロへ。日本〜ヘルシンキは約10時間30分、ヘルシンキ〜イヴァロは約1時間40分。イヴァロからサーリセルカはバスで約30分。

my golden day:
024

沖縄・竹富島

不正解な正解

「間違えて来てしまった場所だった。だけどそこで見た景色は不正解ではなかった」16歳の夏、沖縄で見た最高の空と海。

16歳。夏。島の中心についた瞬間、イヤフォンは耳から飛んでいった。

自分の想像していた"沖縄"が目の前に広がっていた。

白い砂利道。高い石壁に屋根の低い民家。そしてその上には赤い屋根と二匹のシーサー。
これこそが島だ！ これこそ念願の島旅だ！！ 一気にテンションは急上昇。
太陽から注がれる日差しは静岡のそれとじゃ比べ物にならない。乾いた喉にコーラがしみ込みまた直ぐに抜けて行く。このコーラの旨さは格別だった。

ビーチについた頃、太陽からは熱い日差しは収まっていたが、代わりに目に染みるほどの赤い光が放たれていた。東の空にはまだ青い空が残っていて、そこへさす赤い日差しとの間には紫色までのグラデーションが広がっていた。

紫のグラデーションは濃さをまして夜になった。海の上に大河が広がっていた。
その大河こそ天の川だ。

都心の7月に空を見上げても霞んだ空に川なんてない。でもこれはまさに大河だ。川ではなく大河。強い光の星から柔らかい光の星まで何処までも続いていた。その少し下には白い月もあり月の光が波に揺られ橋のようにこちらへ伸びていた。

昼の島、夕方の島、夜の島。 どれも色鮮やかで最高だった。だけど一番は朝の島だった。

日の出を見ようと早起きをして海岸へ。空も白んできた。
だけど何処を探しても太陽はない。
それも当然で自分がいたのは前日に夕日を見ていた西の空だった。
馬鹿だ。いくら夕日が素敵だろうと朝日はそこからじゃ見られない。

でも、この選択は間違いじゃないと思える景色があった。日が上り始めてしばらくたったであろう時に、海を見ると最高の景色があった。日の光を受けた空と背の高い入道雲が透き通った海に反射していたのだ。

間違えて来てしまった場所だった。だけどそこで見た景色は不正解ではなかった。
進路の選択に悩んだ時。この景色を思い出す。
これから進むどの道が正解か不正解か解らない。
だけど、**「そこで見る景色には正解しかない」**ということを、この夏の一人旅で知れたと思う。

PROFILE
名前：高田 将吾　**年齢：**19歳　**職業：**学生　**HP：**http://design-trip.net

ABOUT
国名・地域：沖縄・竹富島
1日のルート：石垣島→竹富島
旅の種類：一人旅

ACCESS
日本国内線で那覇乗り継ぎ又は、直行便で石垣島へ。石垣島から竹富島は船で約10分。

my golden day:

025 パキスタン・ススト 最高のチャイ

心と体に染み渡った炎天下の甘いチャイと、おじさんの笑顔。

はじめての、バックパックでの1人旅。
中国・カシュガルからバスで1泊2日、フンジュラーブ峠を越えてパキスタンを目指した。

標高4800m、うまれてはじめての高さ、それまで1ヵ月の旅の疲れも重なってか軽い高山病にかかったらしく、説明しようのない苦しさとコントロールできない感情に悩まされ、飲まず食わずで午後、やっとの思いでたどりついたパキスタン最初の街・ススト。

これからの予定や今夜の宿などなにひとつ考える元気もなく、バスを降りてただたたずむ私に声をかけてきたパキスタン人のおじさん。炎天下のなか、それにまけないほど輝いた笑顔で私に1杯のチャイを差し出した。
ふだん日本では甘い飲み物を飲まない私だが、そのときは空腹で疲れ果てていたこともあり、迷わずそのチャイを受け取って一気に飲み干した。

温かくて甘いチャイ。

空っぽの胃のなかにやさしくしみわたり、暑さと空腹、そして体調不良で弱っていた私の心にまでじんわりと広がっていく。

あの炎天下、そしてあの甘い甘〜いチャイ。そしてあのおじさんの笑顔。

８年たった今も私の心に鮮明に焼き付いている。

あの笑顔にまた会いたくて、私は旅をつづけているのかもしれない。

PROFILE

名前：原田 麻琴　**年齢：**36歳　**職業：**OL

ブログ：http://ameblo.jp/usagimame/

ABOUT

国名・地域：パキスタン・ススト

1日のルート：中国・タシュクルンガン→フンジュラーブ峠（標高4800m）→中国とパキスタン国境→パキスタン・ススト

旅の種類：一人旅

ACCESS

日本から中国の北京、ウイグル自治区のウルムチを乗り継いで、カシュガルへ。日本〜北京は約4時間、北京〜ウルムチは約4時間15分、ウルムチ〜カシュガルは約1時間30分。カシュガルからスストまでは途中タシュクルガンで1泊するバス移動。カシュガル〜タシュクルガンは約7時間、タシュクルガン〜スストは約8時間30分。

my golden day :

026

エジプト・カイロ

ダンスが心と心を繋いだ日

「ダンスなら何かが変わるかもしれない」
言葉と文化の壁を一瞬で飛び越えた瞬間。

目に映る全てが新鮮だった。
ラマダーンでお店が少なく物寂しげなスークを横目に歩く。
銃を持ち徘徊する兵士、車のエンストが起こす大渋滞
―そうした刺激を浴びながら街を散策していた。

太陽に照らされ黄金に輝くピラミッドが見えた時、それとは対照的に薄暗く古びた建物が目に入った。ゴミが散乱した路地を、酷使されて痩せ細った馬車馬が通っていく。あまりの臭いに思わず鼻を覆った。すると、そこから次々と私を囲むように人が集まってきた。その小汚い格好を見れば、彼らの目当てがお金であることはすぐに分かった。初めは無視していたが、あまりの執拗さに腹が立った。人との出会いが旅の醍醐味なのに、必死に物乞いをする彼らと心を通わすことなど出来なかった。

そんな中、純粋に外国人である私に興味を持ち、近寄ってきてくれた子たちがいた。しかし、やはり言葉の壁が邪魔をして思うように馴染めない。あるのは、ただ繋がりたいという気持ちだけだった。

ダンスなら何かが変わるかもしれない。

思いついた時にはもう体が動きだしていた。
特技のストリートダンスを始めた途端、彼らの表情が満面の笑みに変わっていた。それは、言葉や文化の壁を一瞬で飛び越えた瞬間だった。

「アラブ人はこんなに陽気なのか」

私はその笑顔の虜になり、いつまでも踊っていた。この時、私はイスラム教徒に対する、何だか危険で恐いだとかいう類の偏見を持っていた自分を恥じた。それと同時に、自ら行動して経験することでしか得られない知識や情報があることも知った。

貧しくても陽気な彼らとダンスを通じて触れ合えたあの瞬間が、目を閉じると今でも鮮明に蘇ってくる。

“こうした仕事のない国に暮らす子供たちが、将来働ける環境作りを手助けしたい”

私は今、国の産業発展に不可欠な鉄鋼業の技術者として、途上国に技術支援するという夢を追いかけている。

旅はまだ、始まったばかりだ。

PROFILE

名前：松坂 直樹　年齢：23歳　職業：大学院生

ABOUT

国名・地域：エジプト・カイロ
1日のルート：空港に到着→ピラミッドへ→カイロ市街に戻り散策→安宿に宿泊
旅の種類：学生一人旅

ACCESS

日本からエジプトのカイロまで約14時間。カイロの空港からピラミッドまでは車で約1時間。

my golden day：**027**

スペイン・ブニョール

無念のトマティーナ ～投げれなかったトマト～

「傷はできたけど、絆もできた」スペインの小さな祭りで気づいた旅の本当の素晴らしさ。

スペインの小さな街で、8月最終水曜日に行われる**トマト祭り**。別名トマティーナ。
前日から現地で出会った日本人たちと集まりワイワイガヤガヤ。
祭り当日も会場について開始までずっとはしゃいでいた。
あんなに大声出してはしゃいだのは久しぶりだ。
サングリアを頭からかけられようがTシャツ破られようが関係なかった。
めっちゃくちゃ笑った。
後で写真を見て、あんなに楽しそうな顔ができることに驚いた。

トマティーナ開始５分前。盛り上がりすぎて、なぜか急にスペイン人に胴上げされる。
３回目に宙を舞ったあと、地面に頭からたたきつけられた。
一瞬何が起こったかわからなくなった。
なんとか自力で起き上がり前を見ると、日本人２人が駆けつけてくれた。

そのうちの1人は医大生。的確な処置でかつ優しい言葉をかけ続けてくれた。
トマト祭りは既に始まっているのに。
自分の目的よりも、目の前の出会ったばかりの私の介抱を優先した彼女は、まるで天使のようだった。

救急車が到着したのはトマト祭り終了後。それまでずっと付き添ってくれた2人。
マドリッド到着後も宿の手配や食事の手配まで。本当にお世話になった。

旅はいい。普段の生活では出会わない人たちと出会える。
傷はできたけども絆もできた。

傷とは違い一生消えない絆。

最高の1日だった。

PROFILE
名前：岡村 龍弥　年齢：26歳　職業：システムエンジニア

ABOUT
国名・地域：スペイン・ブニョール
1日のルート：バルセロナ→夜行バスでブニョールへ→トマト祭り→マドリッドへ
旅の種類：一人旅

ACCESS
日本からフランスのパリを乗り継ぎ、スペインのバレンシアへ。日本〜パリは約12時間30分、パリ〜バレンシアは約2時間。バレンシアからブニョールまでは電車で約50分。

my golden day: **028**

フランス・パリ

バスケットボールを持って旅する
〜パリでの1日〜

“空を見上げればエッフェル塔”
世界遺産の中のバスケットコートを走り続けた
最高の2時間。

僕らの旅には必需品がある。

ガイドブックの持ち物リストには絶対に書いていないもの。

バスケットボールだ。

ボールを持って世界一周旅行をしていたパリでの1日。

僕らの旅は「**現地の人とバスケをする**」…これがテーマだ。

オシャレなパリに訪れた時も、カフェではなくバスケットコートを探していた。
この日はすでに、前日の街の若者への聞き込みでコートを見つけていた。
そこに向かう途中、凱旋門・エッフェル塔に立ち寄る。
観光名所でボールを下げて写真を撮っている人は誰一人いない。
バスパンなんて格好悪いかもしれないけど、自分としては最高のオシャレだ！
記念写真を撮ったら、すぐにコートへ！

パリで選んだのは、エッフェル塔の麓にあるスポーツ施設。

そう、世界遺産の中にあるバスケットコートだ。

施設に入ると、オールコートでゲームをしていた。海外ではよくあるピックアップゲーム。
他人と5人チームをその場で作り、勝てばゲームを続けられるシステム。
もちろん僕に知り合いはいないし、フランス語も話せない。しかも、異国の小さいアジア人。チームに入れても勝てる要素は何もないと見えるだろう。
そんな中、ひとりの黒人が話し掛けてきた。

「プレーしようぜ」
最高の時間の始まりだ！

“空を見上げればエッフェル塔“というパリを存分に感じるコートで2時間。
アイコンタクトからパスを出したり、相手とぶつかりながら1対1の勝負、シュートが決まればチームメイトとハイタッチ!!
コートを走り続けた。

帰る時には、「明日もくるか？」と嬉しい言葉をかけてくれた。

バスケットボールにはもの凄い力がある。その国の言葉が話せなくても、ボールを使って相手の気持ちを感じることができる。そして、プレーで相手と心を通わせることができる。

2時間前には見知らぬ人が、バスケをすれば仲間になる！

世界遺産の中でのバスケット。最高の場所、そして最高の時間だった。

PROFILE

名前：望月 秀泰・美咲　年齢：29歳　職業：バスケットボールコーチ（秀泰）
ブログ：「世界でバスケ」 http://ameblo.jp/b-nuts/

ABOUT

国名・地域：フランス・パリ
1日のルート：ホテルを出発して電車で凱旋門へ→隣駅までシャンゼリゼ通りを歩く→電車に乗りエッフェル塔へ→塔の近くにあるバスケットコートでプレー
旅の種類：二人旅

ACCESS

日本からフランスのパリまでは約12時間30分。

my golden day：

029

スペイン・ガリシア

何も特別はないけど、最高の1日

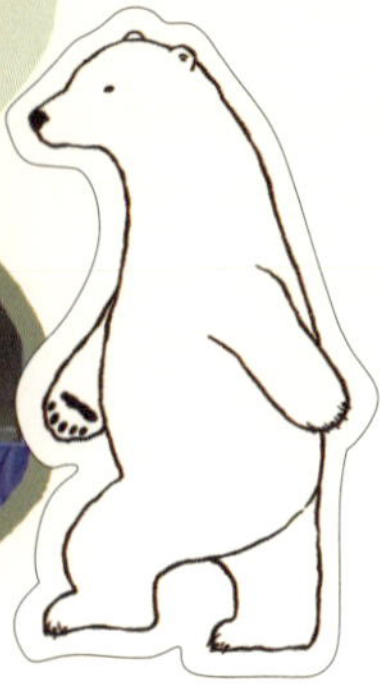

「疲れてきた足に気合いを入れ、また一歩、一歩ただ歩く」考える。挨拶をする。歩く。どんどん感覚が研ぎ澄まされ、洗練されていく至高の巡礼体験。

今日もまた25キロ歩くのか・・・

サンティアゴ・デ・コンポーステーラへの巡礼三日目。夜も明けない時間から準備を開始。

昨日買った生ハムとレタス、好物のオリーブをパンに挟み、ジュースで流し込む。
体が目覚め、元気になっていく。巡礼の証「ホタテ貝」をリュックに付け、いざ出発。

一人またひとり朝霧の中に消えていく。冒険の始まりだ。

見知らぬ異国を自分の足で歩いて旅をする。僕は100キロちょっとの旅だが、
遠くは千キロ以上も離れたところから歩く人もいる。
元気な人、満身創痍の人、仙人と見間違うような人。

毎日スペインの田舎道をただただ歩くだけだが、なんとも心地いい。
しばらく歩くと日が登り、辺りの景色が見えて来る。

夜明けを体全身で実感する。

今までこんな長い距離を歩いた経験はない。
文明って凄いな、昔の人ってタフだな、ぐるぐる考えたけど、

人ってすごいなと改めて実感。

何百キロって凄い距離を毎日コツコツ歩いてれば自分の力で辿り着くし、
不便だと思ったら空飛ぶ絨毯みたいな飛行機だって作っちゃう。
やっぱ人って凄い。

ひとしきりそんなことを考えると、今度は人生について考える。
これからどんな生き方をしようか。
邪魔する物が何もない中、毎日歩き、考えていると感覚が研ぎ澄まされ、
いろんなことが洗練されていく。とてもいい時間。

巡礼の1日は何もないけど、最低限は全てあって、自分の体や心とゆっくり向き合える。

そして仲間と擦れ違えば、笑顔で「Buen Camino！（良い巡礼を）」と挨拶し励まし合う。
お腹が空けばいい景色を見つけ、お弁当で腹を満たす。

疲れてきた足に気合いを入れ、また一歩、一歩ただ歩く。
考える、挨拶をする、歩く。

そして宿についたらシャワーと洗濯をしてリフレッシュ、
心地よい達成感と疲れに包まれ、夜は仲間たちと巡礼や故郷、人生について語りあう。
最高の1日。

PROFILE

名前：高原 大輔　**年齢：**29歳　**職業：**会社員
ブログ：地球の走り方「世界教室」 http://guide.arukikata.co.jp/aroundtheworld/

ABOUT

国名・地域：スペイン・ガリシア
1日のルート：AM6:00 起床、巡礼宿でサンドイッチを食べる→AM6:30 朝霧のなか出発→AM7:30 日の出に感動しながらひたすら歩く→AM11:00 素敵な景色のなか手作り弁当を食べる→PM3:00 巡礼宿へ到着、手洗い洗濯&シャワーを浴びすっきり→教会で巡礼証明書にスタンプをゲット→PM5:00 歴史ある街並を散策→PM6:30 仲間と美味しい食事、話に華を咲かせ→PM9:00 就寝
旅の種類：世界一周中での巡礼

ACCESS

日本からフランスのパリ、スペインのマドリッドを乗り継ぎ、ア・コルーニャへ。日本～パリは約12時間30分、パリ～マドリッドは約2時間、マドリッド～ア・コルーニャは約1時間15分。
※ア・コルーニャはガリシア地方最大の都市。ア・コルーニャ～サンティアゴ・デ・コンポーステーラは、バスで約1時間30分。

my golden day:

030

オーストラリア・メルボルン

暮らすように旅する
〜メルボルンの最高の日常〜

"最も暮らしやすい"と呼ばれる都市で、当たり前の日常に触れる贅沢。

「世界で最も暮らしやすい都市」と言われるメルボルン。

『魔女の宅急便』のモデルという説もある印象深い時計台をはじめとして、ヨーロッパ調の歴史的建造物が多く建ち並ぶ港街。

気まぐれな天候で突然の雨に見舞われることもしばしば。
雨宿りがてらに紛れ込んだ路地裏は、無造作に陳列されたカラフルな瓶詰や缶、見るからに甘そうなバナナトフィーマフィンやビスケット、“TAKEAWAY” のノスタルジックな看板が目を引く小さな店が点在し、どこか雑多なムードが漂うカフェストリートとカルチャーが共存する。

ガイドブックでも紹介しきれないほどのカフェ天国は、どの店が良いかなんてわからない。この非日常的な空間が醸し出す独特なコミュニティに溶け込みながら、あてずっぽうに入ってみるのが、また楽しみでもあり旅の醍醐味になる。

カフェを挟む壁画アートを夢中で追いかけると遭遇する、巨大な落書きゴミ箱。そこに群がるかのように溜まる少年たち。

クールなグラフィックに一眼レフを構えながらスケボーをする少年の姿。
その少年にフォーカスする私。

壁画のアート文字と少年達のカラフルなニット帽がストリートカルチャーをもの語り、海外ドラマのようなワンシーンに、リアルに自分が存在していることに気がつき感動が込み上げてくる。

そこからトラムに乗りこみ、少し東部に位置する地元民の台所「フードマーケット」へ足を延ばせば、シティの表情とはまた違ったのんびりとした空間とローカルピープルに触れる最高のスポットが広がる。

移民国ならではの、特殊なチーズやターキッシュブレッド、イタリアン惣菜、オリーブなど彩り豊かな新鮮なベジタブルなどが並ぶ。コミュニケーションを取りながら、たくさんの食材を吟味して自分なりに調理したディナープレートは、ガイドブックの旅路だけでは知ることのできない格別な味わい。

ゆとりあるこの地を旅して、"当たり前の日常"に触れた贅沢は、私にとっての「最高の1日」。

PROFILE

名前：楽々 真理子　**年齢：**32歳　**職業：**フリーター
ブログ：「メルボルン日誌」 http://ameblo.jp/mmsea/theme13-10032587342.html#main

ABOUT

国名・地域：オーストラリア・メルボルン
1日のルート：メルボルンの中心部【メルボルンセントラル駅】がスタート地点。【CBD（セントラル・ビジネス・ディストリクト）】エリアを歩き回る。アーティスティックなギャラリーや、レコードショップ、お洒落なブティックを散策。→セントラルからエリザベス・ストリートを真っ直ぐ歩き、【フリンダースストリート駅】に着く。カフェストリートとして有名な【デグレイブス・ストリート】でカフェ三昧→怪しげな路地裏散策をしながらグラフィックアートを撮影→路地裏を抜け、あの『魔女の宅急便』のモデルという説もあるフリンダースストリート駅の時計台前からメルボルン名物トラムに乗車→シティを離れ日本人のいない【キャンバーウェル】へ。地元の人と交わりながらフードマーケットで食材を調達。この旅最高の自作オーガニックディナーを堪能。
旅の種類：一人旅

ACCESS

日本からオーストラリアのシドニーを乗り継ぎ、メルボルンへ。日本〜シドニーは約9時間45分、シドニー〜メルボルンは約1時間30分。

my golden day:

031

パラオ・ロックアイランド群

『最後の楽園』で過ごす、カラフルな1日

「自分のためだけに世界の時間が止まっているかのような感覚」潮が引いた時にだけ現れる幻のビーチ。真っ白な道。まさに天国へと続く道。

ハワイにも、グアムにも降り立ったことのない私が、パラオの地に足を踏み入れたのは2012年5月。出発前の天気予報で滞在予定期間中、毎日雨模様であったが、落ち込んでいた私を出迎えたのは、早朝からきつすぎる太陽の日差しだった。（日本の約8倍の紫外線！）

ホテルの目の前の桟橋から出るボートに乗って、いざパラオ名物スポット、ミルキーウェイとロングビーチへ。**パラオの海の色は場所によって変化する。**加速するボートの上で、髪の毛に顔を叩かれながら、「海の色」の多様さに見入っていた。

急にボートの速度が落ちたかと思うと、ある一つの入り江に入った。
その瞬間、辺り一面に乳白色の色が広がる。幻想的。石灰質の粒子が堆積し、太陽光によって熱せられると美白効果の高い泥が出来上がる。もちろん、潜ってみても、視界はゼロ。クリーミーでとろけそう。

その後、ボートは幻のロングビーチへ。いつでも見られるわけではなく、潮が引いたときにだけ現れるため、天候にも左右される。とにかく周りに何もないため、開放的な真っ白な道。
自分のためだけに世界の時間が止まっているかのような感覚。
まさに、天国へ続く道。

この日の締めくくりは、赤く燃える夕焼け空を眺めながらの夕食。
自然界が見せるカラーは、人間が創り出した言葉の数を超える。

「来る前に、天気予報で毎日雨だったのですが…」
「24時間以内に1分は雨が降るだろうから、天気予報はほぼ毎日雨にしている」
「パラオ人は、シュノーケリングをするんですか？」
「シュノーケリング？ 魚を見るだけなんてもったいない。それなら、釣りをして近所の店に売ったほうが金になる」

旅の中の会話から学ぶことも多かった。

私は、キレイな海だけを求めにこの国に訪れたわけではない。

今後も、私は数多くの国を訪れるだろうけど、この1日を忘れることはない。

PROFILE

名前：寺岡 茉美　年齢：24歳　職業：会社員

ABOUT

国名・地域：パラオ・ロックアイランド群
1日のルート：ホテル出港→ミルキーウェイ→ロングビーチ→港近くのレストラン
旅の種類：その他

ACCESS

日本からパラオまでは約5時間。到着するコロール島から陸橋で繋がるマラカル島へ車で約30分移動し、そこからミルキーウェイまでボートで約30分。

my golden day : 032

アメリカ・ハバスキャニオン

桃源郷ハバスキャニオンで ハバスパイ族と過ごした1日

満天の星空の下。アリゾナの桃源郷。
キャンプファイヤーをしながら過ごした奇跡の一夜。

アリゾナ州の秘境ハバスキャニオンは、
グランド・キャニオンの脇にたたずむオアシスの町。

あいにくの天候で降りしきる雷雨。
すぐ近くで、雷が落ちそうなほどの雷鳴が鳴り響く。

これから峡谷を片道4時間のトレッキング。
歩くことに不安が募り、先へ進むか、戻るか。
判断に迷った。

風の流れと、雲の動きを予測し、
自信はなかったが、晴れそうな兆しを感じ、進むことに決めた。

5分後。
一面を覆っていたグレーの雷雲が嘘のように青く晴れ渡り、
お天道様が、味方してくれたことに感謝した。

旅に出て、天候に恵まれる運。
風や音を感じる五感が冴えてきた気がする。

しかし、歩き出す時間が遅かった。
到着が夕方5時を回り、蛇やサソリが出る夜道を戻るのは、クレイジーだと言われた。

日帰りの予定だったため、泊まる準備をしていない。
足も疲労でパンパンだ。甘かったか。

今まで、困ったときに起き続けた奇跡を信じたが、
さすがに、今回は、野宿かと思ったが、
困ってるオレを見かねた現地民ハバスパイ族のジョニーが泊めてくれ、
ビールやウイスキー、ご飯まで、ごちそうになった！

まさか、この桃源郷で、キャンプファイヤーをして、満天の星を見れるとは。

PROFILE

名前：加藤 大輔　**年齢**：30歳　**職業**：教育

ABOUT

国名・地域：アメリカ・ハバスキャニオン
1日のルート：フアラパイ・ヒルトップ→トレッキング→ハバス大滝へ到着→ハバスパイ族ジョニー宅でキャンプファイヤー、乾杯、宿泊
旅の種類：世界一周

ACCESS

日本からアメリカのサンフランシスコを乗り継ぎ、フェニックスへ。日本～サンフランシスコは約9時間30分、サンフランシスコ～フェニックスは約2時間。フェニックスからは、サウスリムを経由しヒルトップへ。フェニックス～サウスリムは約3時間30分、サウスリム～ヒルトップは約5時間。そこからハバスパイ族のスパイ村までは徒歩約4時間。

my golden day:

033

チェコ・プラハ

チェコでの1日

優しい風や光を受けながら最高に美味しいビールで乾杯。
日の長いプラハにゆっくり流れる至福の時。

石畳の美しい市街を走る路面電車トラムに乗り、泊めてもらっているチェコ人の友達の家から２人で街の中心部へ。
切手やチェコビーズなど買い物ではしゃいで疲れた頃、彼女が街の中心を流れる大きなヴァルタヴァ川の足漕ぎボートに誘ってくれた。
ボート屋で可愛らしい色のお酒を買いボートに乗り込む。
チェコの広い空を見ながら、お酒を飲んで風を感じ、ヴァルタヴァ川の波に揺られている。
風には大量の綿毛が漂っていた。

5月末、チェコの日は長い。８時になっても日本の５時くらいの明るさが続く。
足漕ぎボートだけど、漕ぐのをやめて足を投げ出し、ただただ川の上でゆらゆらしている。
至福の夕方をのんびり過ごした後、トラムに乗って、家の近くの地元の人しか知らないような小さなパブへ。
そこで彼女の「いつもの仲間」と合流。オープンエアーなテラス席。

優しい風や光を受けながら最高に美味しいビールで乾杯し、彼らの「いつもの時間」にそっと入り込む。

私の旅の友であるカメラも、彼女がくれたチェコのキャラクター、クルテクのキーホルダーをつけてすっかりチェコに馴染んでいた。
私はチェコ語がさっぱりわからないが、日本から持っていったチェコのガイドブックで盛り上がったり、恐らくいつもと変わらない会話で笑い合う彼らと一緒に、ゆっくりした優しい時間を過ごすことができて本当に幸せだった。

特別なことは何もない。
ただ、自然と友達、それからゆっくりした時間と少しのお酒、これが人生には欠かせないってことがわかった最高の日。

PROFILE
名前：岡田 芙美　**年齢：**28歳　**職業：**会社員

ABOUT
国名・地域：チェコ・プラハ
1日のルート：トラムに乗って街の中心部へ→切手やチェコビーズなど買い物→ヴァルタヴァ川でのんびりボート→小さなパブで現地の友達と合流し、美味しいビールを飲みながらさらにリラックス。
旅の種類：一人旅

ACCESS
日本からドイツのフランクフルトを乗り継ぎ、チェコのプラハへ。日本〜フランクフルトは約12時間、フランクフルト〜プラハは約1時間。

my golden day : チュニジア・チュニス

034 チュニジアンブルーとスパイシースープ。チュニジア・チュニスの1日

白い建物と青い扉。海も青。空も青。鮮やかなチュニジアンブルーに心がいっぱいになった1日。

きっかけは本屋で立ち読みした雑誌の中の写真。
白い建物と青い扉。シディブサイド。
「この夏はここに行く」

飛行機を乗り継ぎ、アフリカ大陸の上端の国チュニジアへ。
宿のある首都チュニスの街は、モダンで近代的な新市街地とイスラム色の強い雑多な旧市街地が好対照な街。アフリカ大陸というより、中東やヨーロッパがミックスされた不思議な雰囲気だ。この日は朝ごはんを市場で調達し、列車に乗り込む。

チュニスから1時間程度でシディブサイドに到着。駅からしばらく行くと見えてきた。
写真で見た街。いや、**写真で見るより白は白く、青はもっと青い。**
街のいたるところに青い素敵な扉がある。同じ模様の扉はなく、どこも個性的。
ブーゲンビリアもピンクに濃く咲いている。サングラスを外すと目が痛いくらいに色が飛び込んでくる。
時期は夏、中東の強烈な日差しがつくる、この鮮やかな世界。
雑貨を見ながら街を歩き、海の見えるカフェでレモネードを飲む。海もきれいな青色だった。上を見れば空も同じ色。チュニジアンブルーに心がいっぱいになった。

シディブサイドを満喫し、チュニスに戻る。
夕方、宿に戻ると受付係や片づけ係のおじさんはお祈りの真っ最中。お祈りが終わると、お家から持ってきたお弁当のクスクスをものすごい勢いで食べ始めた。ちょうどラマダンの時期だったから、もうそれは美味しそうに食べる。

私たちに気づくと「ごにょごにょ」何か話しかけてくれた。どうやら一緒に食べようってことらしい。スープを恐る恐る口に運ぶ。スパイシーで食べたことのない味。

思わず笑った。
おじさんたちも笑った。

チュニジアのことが大好きになった忘れられない1日。

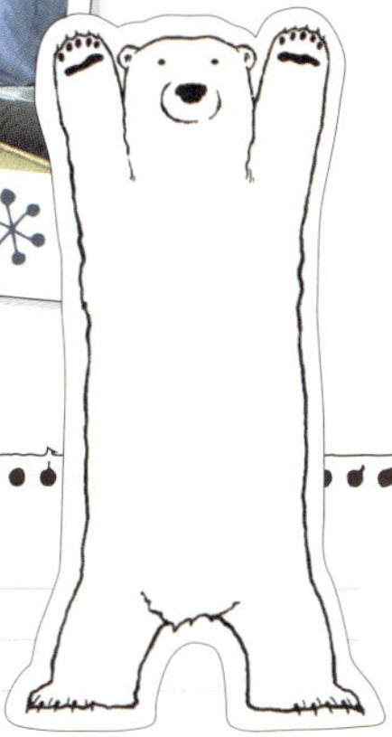

PROFILE

名前：小野 瞳　年齢：26歳　職業：歯科医師

ABOUT

国名・地域：チュニジア・チュニス郊外
1日のルート：チュニス泊→メディナ（旧市街地）を散策→列車に乗りシディブサイドへ→雑貨探し、カフェでお茶→チュニスに帰り、宿で食事
旅の種類：友人との個人旅行

ACCESS

日本からカタールのドーハを乗り継ぎ、チュニジアのチュニスへ。日本～ドーハは約11時間30分、ドーハ～チュニスは約6時間。チュニスからシディブサイドまでは車で約30分。

my golden day :

035

中国・北京

万里の長城を走りぬけた日

「万里の長城の偉大さと恐ろしさは、今、自分の足で感じとっている」歴史が築いた延々と続く過酷な一本道をマラソンで踏破する。

前も、後ろも、延々と続く1本道。
集団はばらけ、まわりに人は見えない。
聴こえているのは吹き上がる風の音と、自分の息づかいだけ。
目の前に現れた何十度目かの登り坂にため息をつきながら、ただてくてくと進んでいく。
その日は1日中、この風景の中にいた。

午前9時、スタートの号砲。
数百人のランナーが勢い良く走り出す！と思ったら、いきなり失速。
目を疑うような急坂に、過酷な1日を予感した。

尾根づたいに延びる長城は、ジェットコースターのようなアップダウンの連続で、
両手を使ってよじ登らなければならない箇所もある。
マラソンコースとして見れば間違いなく、"狂気"。

壮大な景色も、険しさも、想像を超えた道のりの中、
何時間も走っている間にいろんな思考が廻ってくる。

一国を壁で囲むなんて発想、思いついても実行させるか？
偉いヤツは現場の作業員の苦労なんかあんまり考えないよなあ。
いっぺんやりはじめたら、途中でやめにくかっただろうな。
後悔したのかなあ？

何千年も前の日雇い労働者に同情した。
中国の歴史にはあまり詳しくないが、
万里の長城の偉大さと恐ろしさは、今、自分の足で感じとっている。

「(Turning point is) Almost there！」「折り返し、もうすぐだよ」
「加油！」「Good job!」
「まだ先長いよ～」「Crazy...」

世界各国からのランナー達が、すれちがいざまに
それぞれの言葉で励まし合い、賞賛し合い、弱音をこぼす。

苦しいのはみんな同じ。
ライバルではない。
この驚くべきマラソン大会にいっしょに挑戦している仲間を、心強く感じた。

スタートから7時間、何度もこころ折れそうになりながら、やっとの思いでゴール！
空をあおぎ、自然に両こぶしを突き上げていた。
汗が乾いた塩で、顔はざらざら。青いTシャツも白くなっていた。
最高にキツい1日。
戦い終えたゴールの瞬間、そしてその後の乾杯は最高だった。

PROFILE

名前：桜井 歩　年齢：30歳　職業：会社員

ABOUT

国名・地域：中国・北京
1日のルート：AM5:00北京市内の集合ホテルに集合/出発（専用バス）→AM7:00スタート地点到着（金山嶺長城）、開会式→AM9:00マラソンスタート→AM16:00 ゴール！、閉会式→北京市内で解散。ホテルへ（専用バス）→PM9:00打ち上げ
旅の種類：「Great Wall of China Marathon2012」大会公式ツアー参加
HP：「Great Wall of China Marathon」（日本語）　http://www.greatwallmarathon.jp/

ACCESS

日本から中国の北京までは約4時間。北京から近く行きやすい居庸関《きょようかん》長城までは、車で約1時間。

my golden day:
036

アメリカ・シアトル

FIELD OF DREAMS in Seattle
～サヨナラホームランの衝撃～

「人生名場面ランキング最上位の興奮。例えようがないほどドラマチック」セーフコフィールドで遭遇した日本人スーパースターの劇的瞬間。

初球を振りぬき描いた放物線は僕らの目の前を通過した。
スタンドに吸い込まれる前後からの記憶はなく、人生最高の興奮と歓喜は衝撃的に訪れた。

昔からその一挙手一投足に憧れ、フォームを真似、言動を心に刻んだ。
野球を愛する僕らの合言葉は、
「歴史に残るスーパースターを生で見ずに死ねるか！」
嫁と子供に何度も土下座してアメリカへ男３人で渡った。

世界で最も有名なコーヒーショップを生み出した街シアトル。
空港でピックアップした四駆を走らせ、いざボールパークへ。とうとう辿り着いた・・・
テンポの早い音楽とファンの手拍子が選手登場を催促する。次の瞬間、あのスーパースターは手の届きそうな距離間のなかライトへと駆けて行った。

なぜだか僕らは泣いていた。

しかし、人生最高の瞬間は出会いの場面ではなかった。
1点ビハインド、9回裏2アウト、ランナー1塁。マンガみたいに整った舞台。
スタジアムの視線を一身に浴び、彼に打席がまわった。
観客総立ちで日本人バッターの名前が連呼される。
なんだこの感覚は。球場も人も全てがボルテージ最高潮。
「ピッチャーふりかぶって、第1球投げました〜」……。

人生名場面ランキング最上位の興奮。例えようがないほどドラマチック。
異国の地でひとりの日本人が、何万人もの外国人を歓喜に導く事実を目の当たりにした。

だが同時に思った。
俺もあっち側へ行く。
いつまでも与えられる側にいてはいけない。
小さくてもいいから何かを伝え、提供できる人間になるんだ。

感動と衝撃は決意と覚悟を刻んだ日になった。

PROFILE

名前：堀田 千量　年齢：35歳　職業：エンジニア

ABOUT

国名・地域：アメリカ・シアトル
1日のルート：シアトル空港→レンタカーをピックアップ→スタバ1号店でお茶→セーフコフィールドスタジアム・NYヤンキース戦→サヨナラホームランに遭遇
旅の種類：友との旅

ACCESS

日本からアメリカのシアトルまでは約9時間。シアトルの空港からセーフコフィールドスタジアムまでは電車で約30分。

my golden day：

037

トルコ・カッパドキア

コレって「世界ウルルン滞在記」？！

人の優しさに心が温まった、カッパドキアの寒い冬の日。

2月、時折残雪を見つけることが出来る程の寒さのカッパドキア。
イスタンブールから1ヵ月近くバックパックの旅を続けてきたが、昨夜は念願の洞窟ホテルに宿泊していた。
寒さから早朝に目が覚めて街を歩いていると、レストランのテラス席に座る2人の老人が突然チャイを奢ってくれた。この国ではもう何度目かの出来事だが本当に心が温まる。

身も心も温まって郊外を散策していると、突然小学校のグラウンドからボールが転がってきた。思いっきり蹴り返すと、あっという間に十数人の小学生に囲まれてしまった。どこかのTV番組で見たことがあるような景色だと思いながら、一緒になってボールを追って遊び、果てはその中の少年の家に招かれるままに訪問してしまった。少し不安になったのもばかばかしい位に温かく迎えてくれたお母さんにも別れを告げ、ツアー参加のために市街地に戻った。別れ際に少年から貰った宝物のはずのネックレスは、今は私の宝物になっている。

こんなにも無防備で温かい人と人の付き合いに触れると、性善説を信じたくなる。

現地ツアーではカイマクルの地下都市やピジョンバレーなどの名所をめぐり、この素晴らしい風景が出来るまでにかかった膨大な時間、洞窟を住居にした先人に思いを馳せてみる。
そして、夕暮れのウチヒサルでは、童話のような世界がゆっくりと一日を終えようとしている。
壮大な景色なのに何故か世界と繋がっているような不思議な感覚に包まれながら、その景色を目に焼き付けた。

夜は、ドミトリーで知り合ったバックパッカー仲間が集まり、新聞紙に包まれたEFESビールと、名物のポトリーケバブを囲んでこの町で見た景色を語り合う。
一日がゆっくりと流れ、自然の偉大さを全身で感じ、人間の温かさが身にしみる最高の1日だ。

PROFILE

名前：小林 哲之　年齢：28歳　職業：旅が好き過ぎて旅行会社に勤務中

ABOUT

国名・地域：トルコ・パムッカレ、カッパドキア

1日のルート：ギョレメの街中でチャイをご馳走になる→散策中、小学生と交流。少年のお宅訪問→現地発着ツアーに参加→夕食は、カッパドキアで知り合ったバックパッカー仲間と名物ポトリーケバブを囲んで大パーティー

旅の種類：一人で卒業旅行

ACCESS

日本からトルコのイスタンブールを乗り継ぎ、カイセリへ。日本～イスタンブールは約12時間、イスタンブール～カイセリは約1時間。

my golden day:
038

インド・ハリドワール

僕の中に生きるハリドワール
〜北インド周遊の果てにて〜

神聖な夏祭りのような雰囲気に包まれ、幸福感に浸る。北インドの幻想的な夜の儀式。

初めての海外旅行、インド。
約40日間に渡る北インド周遊の締めくくりとして、僕はハリドワールへ向かった。
入国当初のカルチャーショックにも慣れ、(相変わらず腹は下していたが) 残り数日で帰国という、**日本への恋しさとインドを離れるという寂しさ、そんな複雑な感情を抱きながら、**ハリドワールの町を歩いた。

映画館で映画を見ていると、扇風機がショートし、発火してボヤ騒ぎになったのはさておき・・・
他の町とは微妙に異なる、インドの濃さがそこにはあった。観光客が少ないためであろうか。とにかく、インドの中にいる、という実感がより一層強く感じられた。

ハリ・キ・パイリーにてガンガーを眺めながら昼食をとっていた。
僕の好きなチャパティにジャガイモのサブジ。
ふと、ある集団が目に飛び込んできた。色鮮やかな装束を着こなし、多くの女性が幼い子ども、赤ん坊を連れて、男性は白いクルタパジャマに赤いターバンを巻き、お祈りのためであろうか、ガートを周回していた。

この聖地には様々な思いを馳せて、インド中から乞食、サドゥ、流浪人や巡礼者が訪れると聞いていたが、彼らもなにかの思いがあって、この地に来たのだろう。
暢気にチャパティを食べながら眺めていたが、ふと、僕を突き動かすなにかがビビッときた次の瞬間、僕はカメラを片手に店を飛び出していた。
そして夢中になって彼らの一群をカメラにおさめていた。

夜は、バラナシとはまた異なる儀式を見た。
僕の中では、バラナシは「観光客向けのセレモニー」という趣旨が大きいように思えた。ここの儀式は、まさしく神を奉るような、参加者の意思が痛いほど伝わってくる、神聖な夏祭りのような雰囲気に包まれ、幸福に浸ることができる、とても幻想的な夜であった。

インドを回る中で、様々な人と語ってきたが、**このインドにはエネルギーが満ち溢れている、**と言っている人が少なくなかった。
この地ハリドワールの神様、そのエネルギーが、僕をどこかへ導いてくれたようだった。

地球の宇宙、インドより。

PROFILE

名前：小島 慎太郎　年齢：21歳　職業：学生兼放浪人
Facebook：http://www.facebook.com/shintaro.oshima

ABOUT

国名・地域：インド・ハリドワール
1日のルート：宿からモティーバザールを回ってハリ・キ・パイリーへ。→昼飯を食べていたところ、一群の団体を発見。→ぼーっと眺めていたら、何かに突き動かされ、写真を撮り続ける。→夜のセレモニーに参加、神聖な空気に酔いしれる。
旅の種類：一人旅

ACCESS

日本からインドのデリーまでは約9時間。デリーからハリドワールまでは列車で約4時間30分。

my golden day:

039

ペルー・チチカカ湖

富士山より上にある海みたいな湖 ～チチカカの空と湖と子供たちと～

黄金色の湖面。アンデスの山々の背に沈んでいく夕陽。フォルクローレの調べ。今までのどんな時間よりも幸せな一時。

「チチカカ湖」

この何ともキュートな響きの湖は、アンデス山中のペルーとボリビアにまたがり、富士山より高い海抜3890mに位置する。そして、その大きさも琵琶湖の12倍。
つまり、チチカカ湖は「富士山より上にある海みたいな湖」ってことになる。

僕はここでたくさんの子供たちと出会った。

ある子は不思議そうにただこっちを見てたり。
ある子はコマ回しを自慢げに見せてきたり。
ある子はカメラを向けると恥ずかしそうに顔を隠したり。

２頭身くらいのちっちゃな子供たちが、ものすごく真直ぐに僕の目を見てくる。

そんな無邪気で素直なチチカカの子供たちと一緒に**「富士山より上にある海みたいな湖」**の、さらにそれより高い山のてっぺんまで夕陽を眺めに行った。

この夕陽がまた想像をはるかに超えた美しさだった。

頂上までの山道も抜群に素晴らしく、何度も後ろを振り返ったり、たまに後ろ向きで湖畔の景色を眺めたまま登ったり。

酸素濃度の薄い空気を丁寧に吸い込んで、ゆっくりと一歩ずつ登っていく。

少し息のあがったまま何とか頂上まで登ると、湖面を眺めるのに最高の場所を見つけて腰を下ろす。

しばらくすると、隣で子供たちがフォルクローレをきれいに奏で始めた。
陽が沈むまではもう少しだろうか。
フォルクローレの緩やかで独特な音に合わせるかのように、湖面に映る夕陽の帯がだんだんと細くなっていく。

湖面の色も白金色から黄金色へと変わっていく。
そうしてそのまま半時間も経っただろうか、

黄金色の湖面に見惚れているうちに、気がつくとアンデスの山々の背に沈んでいた夕陽。

旅をしていて「この場所を離れたくない」って思うことは少なくない。
でも、今日ほど、この瞬間ほど、本気でそう感じたときはなかった。
僕が今まで持っていたどんな時間よりも幸せな時間。

チチカカの空と湖と子供たち、その全てが僕に、人生で最高の1日を用意してくれたんだ。

PROFILE

名前：荻野 孔史　年齢：33歳　職業：建築研究者

ABOUT

国名・地域：ペルー・チチカカ湖

1日のルート：湖岸の街プーノ→トトラの浮島ウロス島→ケチュア民族の住むタキーレ島→宿泊は現地の民家にお世話になる→夕方トレッキング→夕陽とサンセットでクライマックス→夜は民族衣装でダンスパーティー

旅の種類：世界一周

ACCESS

日本からは米国1都市、ペルーのリマを乗り継ぎ、フリアカへ。リマ〜フリアカは約1時間40分。フリアカ空港からプーノ市内へは車で約30分。往路の合計飛行時間は約19時間。

my golden day :

040

タイ・アユタヤ

旅の虜にさせた微笑みのアユタヤ

いにしえの王朝の栄枯盛衰を物語る古都アユタヤ。微笑みの人々がくれた世界は、僕を旅の虜にした。

かつて栄華を極めた古都アユタヤ。
世界遺産アユタヤといえば、タイ旅行のツアーパンフには掲載される定番。
そんなアユタヤを訪れたのは、初めての海外旅行、しかも一人旅。事前にガイド本で、少し学習した。なにやらその昔、14〜18世紀に栄えた都市で、ビルマの侵攻により消滅した王朝だとか。

バンコク市内からバスに揺られて２時間弱、車窓から現れる遺跡らしき建造物。
見慣れないそのフォルムに度肝を抜く。バスを降りると、絡みつく暑さと澄んだ青空。
眼前には巨大な仏塔や破壊された建造物、首の無い仏像たちが、いにしえの王朝の栄枯盛衰を物語る。**ガジュマルと一体化した仏頭は、ただ寡黙に神秘を纏っている。**

遺跡はツーリストで賑わい、それに伴い商売をする人々が意気揚々と働き、寺院としての機能も保持しているため、住民の信仰の場としてもアユタヤは存在している。
ポストカードと笑顔を売る少女。黙々と遺跡を修復する人。頭を地に着ける程に祈る敬虔な仏教徒。いかにも適当そうなオヤジ。何もかもが新鮮だ。

ある遺跡で商魂逞しい売り手に出会った。僕に歩み寄ってきたその彼女は、しきりに象のオブジェを勧めてくる。いわゆる貰って嬉しくない類いのお土産だ。
最初の値段は500B。無視して250B。彼女が勝手にディスカウントして最後は50B。
それでも断ると、彼女はポケットから何やら取り出した。それは日本の500円玉。
彼女は「これは何バーツ？」って聞いてきたので、レート計算して金額を教えると、彼女はニコッと笑って「あなた、これあげる！」と言い、象のオブジェをプレゼントしてくれた。
僕は思わず吹いた。
象のオブジェと500円玉は全く関係ないし、最後にはプレゼントって、

商売になってないんですけど。おばちゃん！

僕は大声で笑った。

そんな愉快な出会いをくれたアユタヤ一人旅。
微笑みの人々がくれた世界は、僕を旅の虜にした。
今でも忘れない最高の1日だ。

PROFILE

名前：岡本 裕文　**年齢：**41歳　**職業：**会社員　**HP：**http://fotogenica.exblog.jp/

ABOUT

国名・地域：タイ・アユタヤ
1日のルート：バンコク市内→アユタヤ世界遺産遺跡群
旅の種類：一人旅

ACCESS

日本からタイのバンコクまでは約6時間30分。バンコクからアユタヤまでは車で約2時間。

041

シンガポール・シンガポール中心部

母娘3世代、シンガポールのカラフルな1日 ～ガールズトークは色鮮やかに咲き続ける～

天然のサウナ。自然界の温室。一面に咲き乱れる色とりどりの蘭の花模様。母娘3代の色あせない想い出。

嵐のようなスコールの後は空気が澄んでいてとても清々しい。
雨がやんだ途端に雲は一気にはけ、キラキラと光り輝く太陽の光がさらに、サウナのような蒸し暑さをじりじりと肌に感じさせる。この気候の作り出す天然のサウナは自然界の温室となり、何万という数の色形様々な蘭の花を咲かせていた。
普段からお花の大好きなおばあちゃんは、淡いパステルカラーから毒々しい色まで一面に咲き乱れる蘭の花を眺めて、お母さんと私と一緒に植物園の坂道を歩き回った。

お母さんとおばあちゃんと、母娘3世代水入らずの海外旅行。

昨年、私は成人し、祖母は喜寿を迎えた。

そのあと訪れたシンガポールのシンボルともいえるマーライオン像の前では、お決まりの記念撮影。普段私が友達とふざけて撮るように、遠近法を使って写真を撮ってあげた。

「あらまぁ、こんなことができるの。たいしたもんねぇ。」
「おかあさんもやりたい、やってやって、こんな感じかしら?」
暑さも気にせず、その場でお腹を抱えて笑いながら、30分近く3人のカメラが回り続けたことは言うまでもない。世代を超えても楽しめるツボは、案外同じなのかもしれない。

お昼は飲茶でカップにまるでお花が咲いたような八宝茶を飲み、夜は真っ赤なシンガポールスリングでほろ酔いし、ホテルに戻ってカラフルなマカロンをつまみながらベッドに転がった。**どこへ行ってもガールズトークに終わりはない。**

この日の思い出はあの蘭の花々のように鮮やかで、いつまでも色あせることはないだろう。

おばあちゃん、これからも若々しくずっと元気でいてね!!

PROFILE

名前:三井 梓 **年齢**:20歳 **職業**:大学生

ABOUT

国名・地域:シンガポール・シンガポール中心部
1日のルート:ホテルでゆっくり朝食→蘭の植物園をお散歩→マーライオンのところで記念写真→昼食は飲茶。暑くてもついつい箸が進む→世界最大の観覧車に乗って景色を一望→おかあさん・おばあちゃんとは一度別行動で私はプラナカン博物館へ→近くの教会をいくつか1人歩き→合流して迫力のファイヤーショーとナイトサファリへ
旅の種類:母娘3世代での旅行

ACCESS

日本からシンガポールまでは、約7時間15分。

my golden day :

042

中国・チベット自治区

天空の都での1日

祈り続ける人々。チベット茶。神秘的な踊り。天空の都で過ごす味わい深い時間。

”天空の都”と呼ばれるチベット最大の都市、ラサ市を訪れた時のこと。
チベット暦の正月、外国人の入域規制になるぎりぎり直前にラサ市へ行くことができた。
高地の荒野には透き通るように蒼い空、真っ白な石壁の家々。
そして、**五体投地でチベットの仏に祈り続ける信者。**
信仰心はどこまでも篤い。

午前中、チベット仏教の総本山であるジョカン寺を見学しようと道中のお土産物屋街をフラフラしていたところ、陽気なオヤジからお茶のお誘いを受けた。
椅子に座ると、何やら大きな魔法瓶から香り豊かな熱々の飲み物がコップに注がれる。訊いてみると、昔から伝わるチベット茶とのこと。
チベット茶は紅茶にバターをふんだんに入れ、塩で味を調えるというちょっと変わったお茶。
一口飲んでみるとバターと紅茶の香りが程よく混ざり合って、口いっぱいに広がりなかなか旨い。そして塩が甘味をさらに引き立てる。
軽食で注文したオススメの伝統料理はヤクの肉を甘辛く煮込んだもので、見た目よりもずっとコクがあり話も弾む。なんでも、オヤジはツアーガイドが職業なのだそう。

今はシーズンオフなので観光客をつかまえると、こうやって歴史の話でもして暇をつぶしているという。

夕方になり、きれいに敷き詰められた石畳の小道を歩きながらホテルへと帰る。すると正月に向けての準備の真っ最中。飾り物や料理の準備がひと段落すると、オーナーの10歳くらいの娘が前祝いということで、赤色の民族衣装を着て特別に踊りを披露してくれた。その**音楽と相まった神秘的な姿にたまらなく魅了された。**
一日の終わりの味わい深いひととき。
これが私の最高の1日。

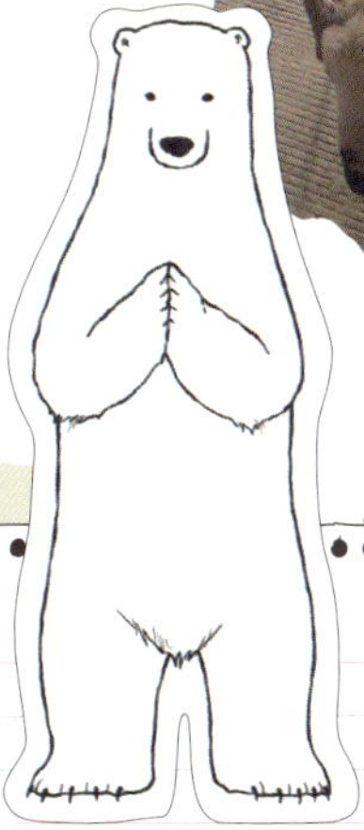

PROFILE

名前：有和 秀晃　**年齢**：21歳　**職業**：大学生

ABOUT

国名・地域：中国・チベット自治区ラサ市
1日のルート：お土産屋街→ジョカン寺→ポタラ宮
旅の種類：一人旅

ACCESS

日本から中国の成都を乗り継ぎ、チベット自治区のラサへ。日本～成都は約6時間45分、成都～ラサは約2時間。

my golden day:

043

オーストラリア・ブライトン

自由の色が変わった日

暖かい日差し。キラキラした風。
海と空の青いキャンバス。
心の色が塗り変わるブライトンビーチの景色。

とにかく自由気ままというものに憧れていた。
自分で決定する。自分で行動する。自分で責任をもつ。
そんなことを考えながらいつも大好きな旅へ出かける。

オーストラリアに移住して１ヵ月。
初めての海外生活にて疲れた羽を休めるべく一人旅に出かけた。

ミドルブライトン駅を降り、借りた自転車に乗って、海沿いのサイクリングロードを経由し、目的地のビーチに辿り着く。
約80ものカラフルなビーチハウスが並ぶブライトンビーチには、観光ガイドでは表現できない空気感があった。
暖かい日差しとキラキラした風が海と空の青いキャンバスを引き立てている。
そこに**技法も色使いもバランスも関係なく個性豊かに並んだ色の行列。**

そんな空間の常連客であろうカモメ達が楽しそうに僕を先へと案内してくれた。
なにか不思議な気持ちになった僕は、近くのウッドデッキに腰をかけ1時間ほど海を眺めた。

そしてやっと気づいた。
「自由」というものは理屈じゃなくて感覚なんだってこと。
僕の人生の中での「自由」というものの色が塗り変わった日。
分岐点であると同時に最高の1日のひとつとなった。

PROFILE

名前：福井 悠翔　**年齢**：27歳　**職業**：バーテンダー
HP：http://ukeyworks.web.fc2.com/

ABOUT

国名・地域：オーストラリア・ブライトン
1日のルート：ミドルブライトン駅→自転車でサイクリング→ブライトンビーチ
旅の種類：一人旅

ACCESS

日本からオーストラリアのシドニーを乗り継ぎ、メルボルンへ。日本〜シドニーは約9時間30分、シドニー〜メルボルンは約1時間30分。メルボルンからブライトンへは電車で約20分。

my golden day:

044 アメリカ・セドナ SEDONA式 〜一人旅＝成人通過儀礼な1日〜

青い空と赤茶色の岩のコントラスト。西部劇の世界が広がる大地での通過儀礼。

私「成人になるってことは、社会の中で自分の行動に責任が持てる人間になるってことでしょ？ だったら、成人予行演習として一人旅に行ってきてもいい？」
父「オッケー！！」
という訳で、振袖代を航空券に替え、いざセドナへ！！
日本からLAXを経由して13時間でフェニックスへ到着。
「さぁ、セドナを遊び尽くそう！！」と意気込んでいた矢先に事件が起こる。

「スーツケースが・・・・・ない。」

こうして、一人旅の良いスタートを切った。フェニックスからタクシーに乗り約2時間、セドナが見えてきた。青い空と赤茶色の岩のコントラストが強烈に視界に飛び込んでくる。

セドナといえば、ヴォルテックス。
大地からのエネルギーが強く放出される場所である。

まず、ベルロックと呼ばれるベルの形をしたヴォルテックスで軽めのトラッキング。西部劇の世界が一面に広がり、思わず誰もが「ハイヨーシルバー」と叫びたくなる光景である。
続いて訪れたのは、ホーリークロスチャペル。とても厳かな空間で、訪れた人が次々と祈りを捧げていた。もちろん私も未来と荷物の行方を祈る。
だんだん夜が更けてきたので、市街地へ。ドライバーさん一押しのレストランへ入ると、家族連れの人たちで賑わっていた。
私がポツンと一人座っていると、ホワイト家の皆さんが、「ジョイン アス！！」と私を誘ってくれた。ホワイト一家のみなさんとステーキを食べながらしばし談笑。
楽しかった宴もお開きになり、ホテルへ戻ると、スーツケースが待っていた。

「やればできるじゃないか！！」

スーツケースを褒めたたえ、成人式な一日に幕が降りた。

PROFILE

名前：前定 麻子　**年齢：**25歳　**職業：**自営業
Facebook：http://www.facebook.com/maebook

ABOUT

国名・地域：アメリカ・セドナ
1日のルート：フェニックス空港→セドナ市街地→ベルロック→ホーリークロスチャペル→セドナ市街地
旅の種類：一人旅

ACCESS

日本から米国のサンフランシスコを乗り継ぎ、フェニックスへ。日本〜サンフランシスコは約9時間30分、サンフランシスコ〜フェニックスは約2時間。フェニックスからセドナは車で約2時間。

my golden day： デンマーク・コペンハーゲン

045 ウェグナーの家具を訪ねた日 ～デンマークで見つけた自分の道標～

「自分がしたいことが決まったと思った」
工房全体を包みこむ木のぬくもりと香り。
家具職人が創り出す空気感に心を奪われた1日。

「ウェグナーの家具を作ってる所から見たい…」
そんな思いが、自分の体をデンマークという土地に向かわせていた。
初めて日本を飛び出した自分にとって、デンマークの風景、街並、人、目に映る全てのモノが自分の心をくすぐっていた。

そして、旅の目的であった工房を訪ねた1日は、自分の**人生の中で1つの大きな道標**となった。

大きな青空が広がり、静かな住宅街の中に工房はあった。工房に入ると整頓された家具のパーツ、工具、組み立てかけの椅子。その隙間から見える職人達の横顔。1人1人が真剣に作業に集中している。

日の光に照らされた家具の木のぬくもりと木の香りが工房全体を包む。窓から入ってくる7月と思えない涼しい風がさらに自分を心地いい感じにする。
「この環境好きだ。これはヤバイ」と思っていると、工房になるチャイムの音。
すると、職人達が一斉に作業を止め、庭のテーブルに集まり始めた。どうやらランチタイムらしい。みんなで集まって一緒に楽しく会話しながらランチをする。こんな光景が日常の一場面として普通にある。ってか、いつからこの光景を珍しいと感じてしまうようになったのだろうか 。そんなことを思いつつも、そこにある雰囲気、空気感に一瞬で心を持っていかれてしまった。

この時、自分がしたいことが決まったと思った。

好きなことをして、仲間を作って、楽しくやって、そして、プロフェッショナルに。

工房を訪ねた後、市街に戻り散策。自分の感じた瞬間に押す写真、切り取る光景はどこか今までと違う。
「何かいい写真が撮れてる…」。
自分の少しの変化を感じながら、ニューハウンのレストランで飲んだお酒を、21歳の僕は少しおいしく感じていた。

PROFILE

名前：京谷 学樹　**年齢**：25歳　**職業**：会社員

ABOUT

国名・地域：デンマーク・コペンハーゲン
1日のルート：コペンハーゲン市街散策→電車でAllerodまで→PPモブラー社（工房）見学→コペンハーゲン市街散策→ニューハウンで夕食
旅の種類：一人旅

ACCESS

日本～コペンハーゲンまでは約11時間30分。

my golden day:

046

ケニア

マサイと過ごした1日

「人間は地球の上に生きている」アフリカの広大な大地で、人々と協力し、自然と共存する民族「マサイ族」の家にホームステイ。

スタディツアーのプログラムで、マサイ族の家にホームステイした日のこと。

電気・ガス・水道のない生活。隣の家まで何キロ離れているのか分からないという環境。

仲間とペアを組みステイするのだが、初めは不安だらけだった。
しかしホストファミリーみんながフレンドリーで、子どもたちも寄ってきてくれてボールやシャボン玉で遊び、すぐに打ち解けることができた。
子どもたちの笑顔に触れ、ほっとした。

朝、ロバとともに水汲みへ。どのくらい歩いたかわからないが、水汲み場はたくさんの人で賑わっていた。井戸ポンプなどはなく、バケツリレーのようにして汲んだ水を人力で上げていく。その姿は神業！ それをロバが家まで運ぶ。

水汲みの後はずっと散歩をしていた。その途中で見た広大な景色がすごく迫力があった。

初めて、大地のエネルギーというものを肌で感じた場所。

「自分は地球上に生きている」ってことを、体も心も同意した瞬間があった。

家に戻ってからは、子どもが先生役でマサイ語を教えてもらったり、一緒に歌を歌ったり、楽しい時間を過ごした。

家族を大切にし、人々と協力し合ってうまく自然と共存する姿、迫力ある大地、この日のすべてが人生で最高かつ刺激的だった。

PROFILE

名前：柴 有香理　年齢：26歳　職業：家事手伝い

ABOUT

国名・地域：ケニア

1日のルート：水汲みと周辺散策

旅の種類：ホームステイ

ACCESS

日本からアラブ首長国連邦のドバイを乗り継ぎ、ケニアのナイロビへ。日本～ドバイは約11時間、ドバイ～ナイロビは約5時間。

my golden day:

047

アメリカ・ニューヨーク

ブルックリン・ブリッジを渡って
～世界の扉の向こうに～

ブルックリン橋の先に存在する表情豊かな
ニューヨークの街並みを歩き尽くす。

「HEY, GUYS...」
聞き慣れない音色が鼓膜を刺激する。

人種のるつぼ、超高層ビル、金融センター、文化・アート、世界に多大な影響を及ぼす
世界都市ニューヨーク。
行き交う人々を変わらぬ目で見つめる歴史を重ねた建築物が並んでいる。
街並は、様々な表情を見せてくれる。その街を友人と歩いて歩いて歩き尽くした。
そして、発見！
世界に二つとない表情豊かな扉たちを！ 感激...。

扉たちに出会っている途中、ブルックリン・ブリッジを渡った。
まるで地球に橋がかかっているかのように大気の中にそびえ立っている。
空に吸い込まれそうな思いに胸が高鳴った。
その迫力も街の風景を彩っていた。

日も暮れ、薄暗い街灯にほのかに照らされるブルックリンの夜は静かだった。

バーに行き、ビールを注文する。
「HEY,GUYS...」音色が響いた。
飲んだビールの味は格別に感じられ、心地良く身体に染み渡っていった。
友人とたあいのない会話で笑い続けたその夜、笑顔と共に大きな喜びが、ひょこっと顔を出してくれた。

「いつもと変わらないことを最高に感じられるように…」

PROFILE

名前：石田 眞之介　年齢：33歳　職業：イベント業

ABOUT

国名・地域：アメリカ・ニューヨーク
1日のルート：ブルックリン・ベッドフォード周辺→マンハッタン・ソーホー→マンハッタン・ロウアーイーストサイド→ブルックリン・ダンボ
旅の種類：一人旅

ACCESS

日本から米国のニューヨークまでは約12時間45分。

my golden day:
048

沖縄・波照間島

世界一の海と空

この島でしか見られないオリジナルな海の色。星しかない満天の星空。人と人をつなげてくれる不思議なパワーを持った島。

波照間島。有人島では日本最南端の島。

朝から、原付バイクで島を一周。この島には横断歩道もなければ信号も無い。
行き先も決めないまま気のむくままにのんびり運転。
まず、さとうきび畑の真ん中を通り、全身で心地よい風をあびながら坂を下ると見えてきたのは、目を疑うほど驚くほどに美しい海。**これがこの島でしか見られないオリジナルな海の色、『波照間ブルー』。**

水平線のむこうには西表島が見える。このニシ浜では、サンサンと照りつける最高に気持ち良い太陽を浴びながら海につかり、白い砂浜でサンゴや貝殻を拾い、モンパの木の木陰で横になり波音をBGMにのんびり読書。あまりの気持ち良さについうとうと。

その後、スコールに遭遇しながらも波照間空港や『日本最南端の碑』を周り、たっぷり島を味わい民宿へ。すると、そこには宿に泊まっていた他のお客さんたちが集っていた。

不思議なことに、**この果ての島は自然と「人と人とをつなげてくれる不思議なパワー」を持っている。**

そこで一瞬にして打ち解けた9人と、ペムチ浜でゆっくりと水平線に沈む夕陽を眺め、あたり一面が静けさに包まれ真っ暗になった頃、本日のメインイベントとも言える『星空観測タワー』へ。・・・まさに、『世界一』の星空だ。
星がある、でなくて、星しかない。

全88星座の84星座が見えるという空には、私が見ただけでも**10分間で7つの流れ星、ゆっくりと空を周る人工衛星、日本で限られた場所でしか見られない南十字星、無数に広がる数千億個の星でできた天の川の端から端までもがはっきりと見える。**
本当に、声が出なかった。

その後、民宿に戻り、満天の星空の下、みんなで泡盛を片手に、「そういえばどこから来たの？ 何でこの島に来たの？ この島のどこが好き？」と、わいやいおしゃべりをする時間がたまらなく嬉しく、楽しく、幸せだった。

PROFILE

名前：天川 夏希　年齢：22歳　職業：保育士

ABOUT

国名・地域：沖縄・波照間島

1日のルート：原付で島を1周(さとうきび畑→ニシ浜で日光浴&読書→仲底商店ぜんざいcafe→モンパの木→コート盛→波照間空港→日本最南端の碑)→夕陽を見にペムチ浜へ→星空観測タワーへ→民宿で泡盛と共にゆんたく

旅の種類：一人旅

ACCESS

日本国内線で那覇乗り継ぎ又は、直行便で石垣島へ。石垣島から波照間島は高速船で約1時間。

my golden day :

049 カナダ・オンタリオ州 ナイアガラを染めた日

自らの手で青一色にライトアップされたナイアガラの滝。いくつもの偶然が重なって起こった奇跡の体験。

オペアとして滞在したアメリカのホストファミリーと久々の再会をし、一緒にナイアガラを旅した時のこと。偶然入ったピザ屋で、偶然話をした人からの言葉が、こんなステキな時間をもたらすなんて思ってもみなかった。

目覚めると、窓の外には朝焼けに輝くナイアガラの滝が目の前にあった。

なんて素敵なスタート！
バスに乗り込み、次々にナイアガラの町を見て廻る。スカイロンタワーから眺める2つの滝は圧巻！！ 国境があるレインボーブリッジも、可愛らしい街並みも、全てが私の目を輝かせる。
滝に流れ込む虹を見たり、滝の裏側で水しぶきを浴びたり、ナイアガラの歴史を学んだり、マジックショーも楽しんだ。

そんな濃密な1日の中で、最も感動的だったのが、ライトハウスを訪れたこと。

前日夜に、ホテル近くのピザ屋で席が開くのを待っていたら、マネージャーが話しかけてきた。しばらく話をしていると「明日、ライトハウスにピザを届けにいってみない？」と言う。
これをなんとなくOKし、その翌日、ピザを預かるとライトハウスへと歩いた。
「ピザを届けに来ました！」
「ありがとう。せっかくだから、遊んでいく？」
なんと、ナイアガラをライトアップさせるところを見せてくれたのだ。
おじさんの操作通りに色が変わるナイアガラを眺め、感動していると、「やってみる？」と言う。
私達は次々にナイアガラの色を変えて楽しんだ。
そして**世界的に有名なこのナイアガラの滝を、自らの手で、自分の好きな青一色に染めたのだ！**
青く染まったナイアガラを見つめ、感動と興奮に包まれた。

もしファミリーと一緒の旅じゃなかったら。
夕食がピザじゃなかったら。
ピザ屋で待ち時間がなかったら。
マネージャーの提案を断っていたら。・・・

いくつもの偶然が重なって、この貴重な体験が出来た。
ファミリーとのステキな旅の思い出に、奇跡の体験も加わった、最高の1日。

PROFILE

名前：冨士 圭子　年齢：34歳　職業：派遣社員

ABOUT

国名・地域：カナダ・オンタリオ州ナイアガラ
1日のルート：ホテルの部屋から夜明けのナイアガラ鑑賞→スカイロンタワー→テーブルロック→Journey Behind the Falls→ナイアガラ渓谷→Butterfly Conservatory→アイマックスシアター→ライトハウス→マジックショー
旅の種類：アメリカ人ホストファミリーとの旅行

ACCESS

日本からカナダのトロントまでは約12時間。トロントからナイアガラはバスで約2時間。

my golden day :

050

ネパール・ポカラ

ヒマラヤ山脈とネパール時間にふれた1日

「急いでいる人なんて誰一人いない」
どこか懐かしい居心地の良さ。ヒマラヤの麓の小さな村で体験した不思議な幸福感。

「ネパールのポカラではヒマラヤがきれいに見えるよ」と言われ、のんびりするつもりで訪れた。しかし、会う人会う人から「ポカラに来たのになんでトレッキングに行かないの？」と聞かれ続け、気づけばノリで２泊３日のハイキングを申し込んでいた。

サンダルでも行けると言われて気軽に参加したのが間違いだった。
山道をひたすら歩く。ただひたすら無言で歩き続けて山の中の小さな村に到着した。
結果的にこの村での1日が私にとっての最高の1日になった。

村では電気がつくのは1日数時間。突然の停電。
はじめて電気が消えた瞬間にイライラしたのはきっと私だけで、宿のスタッフは皆それを楽しむかのようにニコニコしながらろうそくの灯りでご飯を作ってくれた。
シャワーを浴びに外へ出ると、星が降ってくるかと思うくらいの夜空を見ることができた。
停電のおかげでこんなに星がきれいに見えたことに気づいた。

村を歩けば、会う人すべてが笑顔で挨拶をしてくれる。
言葉は通じなくても子供たちは寄ってきてくれる。
急いでいる人なんて誰一人いない。
その空気はどこかなつかしく、とても居心地がよかった。

決して便利とは言えない村での1日は、私に言いようのない幸福感を感じさせてくれた。
何一つ不自由ない日本での生活とは真反対の生活。
しかし、このヒマラヤの麓の小さな村の人たちは笑顔であふれていた。

旅に出ると、いつも日本とは違う生活に触れることができ、自分の価値観をリセットできる。
美しい景色に感動したり、美味しいものを食べたり、楽しい思い出はたくさんある。
しかし、初めて感じた不思議な幸福感は私の中に強烈な印象として残っている。

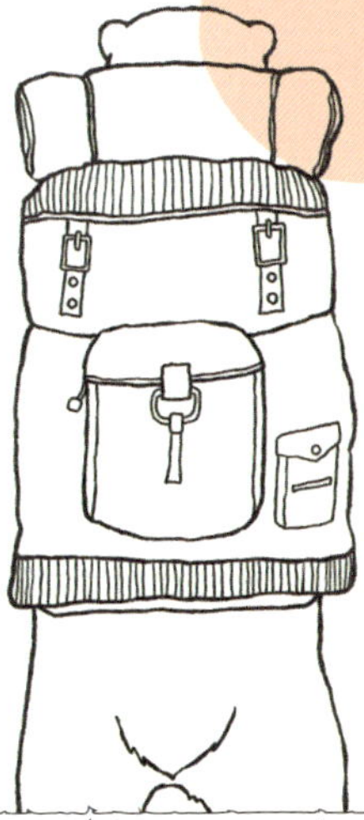

PROFILE

名前：北浦 真理　**年齢**：31歳　**職業**：薬剤師

ABOUT

国名・地域：ネパール・ポカラ
1日のルート：ポカラ→山道をハイキング→村に到着→のんびり→宿泊
旅の種類：友人との二人旅

ACCESS

日本からタイのバンコク、ネパールのカトマンズを乗り継ぎ、ポカラへ。日本〜バンコクは約6時間30分、バンコク〜カトマンズは約3時間30分、カトマンズ〜ポカラは約30分。

my golden day:
051

トルコ・ギョレメ国立公園周辺

カッパドキアの田舎町を歩覇 ～真夏の1日～

石灰岩の岩肌。人工的に掘られた複数の穴。高台から眼下に広がる異国の風情を眺める。

入社２年目にして初の夏休み。東京にいる同僚とトルコ旅行に出かけることとなった。一人で大阪から出発した私は一日早く現地到着。
メジャーな観光地は友人とまわる計画のため、ホテルがあるネヴシェヒルからバスで20分程の小さな隣町、ユルギュプまで出かけることにした。

観光シーズンにも関わらず、旅人はほとんどおらず、時間がゆっくりと流れていた。
いい匂いに引きつられ脇の小道に入ると、町の女性たちがパイを焼いていた。
私は思わず一つ注文し、注文の間、コミュニケーションを試みたところ意気投合し、朝食に招かれチャイをご馳走になった。トルコ人の暖かさに触れた思い出の一ページである。

彼女たちに別れを告げ、町一番の高台を目指し歩き始めた。道中、石灰岩の岩肌に複数の人工的に掘られた穴を横目に、高台を目指した。頂上付近ではツボ等の土産物屋が密集していたが、店員の姿はなかった。高台に到着するやいなや売店に駆け込み、レモネードによく似た飲料を購入し、木陰に入り一気に飲み干した。休息をとり、しばらく眼下に広がる異国の風情を楽しみつつ、ガイドブックで次なる目的地を探した。

ローズバレー・・・夕日を堪能するには絶好のスポットを最終目的地にとらえ、バスに飛び乗った。だが、「ローズバレーまで連れてって欲しい」と運転手に交渉したにも関わらず、目的地付近の幹線道路の脇で下ろされた。ルートが違うから歩きなさいとのこと。
5km程はあろうか、目的地を遠目に途方に暮れつつも、干からびないよう近くの売店で水を購入し長旅に備えた。
どれくらい歩いただろうか、道の両脇には野生か人工的に植えられたか区別のつかないスイカとブドウが散見され、味見してみたい衝動と格闘しつつ、目の前のピンク色の岩山を目指した。
到着したころには水も底をつき、迷うことなくEFESビールを購入、体に流し込んだ。

心地よい疲れと酔いを感じつつ眺めた夕日は格別なものであり、
一人旅ならではの自由気ままな1日だった。

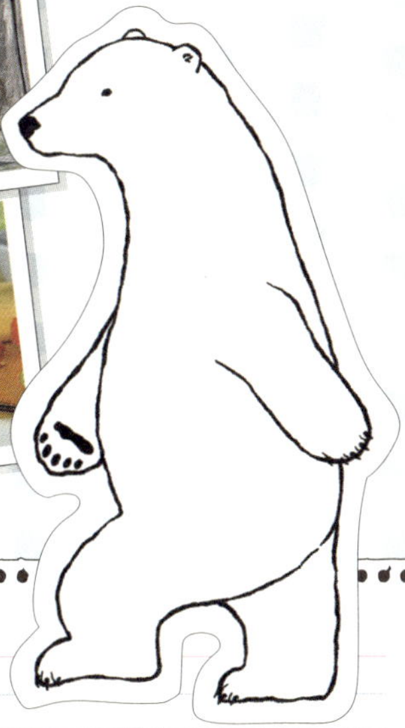

PROFILE

名前： 王 威(Wang Wei)　**年齢：** 27歳　**職業：** 会社員

ABOUT

国名・地域： トルコ・ギョレメ国立公園周辺

1日のルート： ネヴシェヒルのホテルにチェックイン→バスに飛び乗り隣町のユルギュップまで移動し散策→ローズバレー探検/夕日を堪能

旅の種類： 同僚との旅行

ACCESS

日本からトルコのイスタンブールを乗り継ぎ、ネヴシェヒルへ。日本〜イスタンブールは約12時間、イスタンブール〜ネヴシェヒルは約1時間15分。

my golden day : **052** アメリカ・グランドキャニオン

一人で歩くブライトエンジェルトレイル

「谷の下には、行った者にしか見られない景色があった」
往復20キロメートルのトレッキングがくれたグランドキャニオンの雄大な風景。

朝5時過ぎに目が覚めると雨の音がする。
今日は、**ずっと楽しみにしていたグランドキャニオンで過ごせる唯一の日。**
正直、「何で今日に限って雨なのだろう」と強く思った。
雨がやむことを願いつつ昼食の用意をする。
ツアーメンバーと一緒に朝日を見に行くが、雨で見られなかった。

落ちた気持ちのままカフェに行く。他のツアーメンバーは、雨のため予定を変更するようだった。その日の僕の予定は、日帰りで行ける一番ハードなコース、往復20kmのブライトエンジェルトレイルを歩くこと。**せっかくここまで来たのに、雨のせいにして諦めたくなかった。**
少し迷ったが、ツアーリーダーにトレッキングに行くことを伝える。
皆、驚いていたが僕一人で行くことにした。

バスに乗ってトレイルの入り口に着くと雨がやんでいた。
まずは往路10km。谷の上からひたすら下っていく。このコースは行きが下りで帰りが登りという、ちょっと変わったコース。暗くなる前に戻る必要があったので急いで下ることにした。

想像以上に素晴らしい景色だった。谷の上から見える景色と、下から見える景色は全然違っていた。谷の下には行った者にしか見られない景色があった。
あまりにも雄大な景色で、**「僕がこんなにも素晴らしい場所を歩いていいのだろうか」**と思った。プラトゥーポイントで少し過ごした後、また歩き始めた。
結局、キャンプ場には2時過ぎに戻った。

歩くこと自体は楽ではなかった。
その日、帰ってきてからは、左ひざが曲がらないほど痛かった。
でも、もの凄く楽しかったし、感動するくらい素晴らしい景色が見られた。
あの時、一人でも行くという選択をして本当に良かった。

まだ確定もしていない未来のために、自分の行動を制限するのはもったいない。
今回も雨のせいにして諦めることはできた。
でも、**自分の道を「行く」という選択をしなければ得られないものが必ずある。**
この日は自分の選択をできた人生最高の1日になった。

PROFILE

名前：金子 素直　年齢：23歳　職業：会社員
HP：http://aeolianharp.jimdo.com/

ABOUT

国名・地域：アメリカ・グランドキャニオン
1日のルート：グランドキャニオン内、キャンプ場→朝日を見に行く→カフェで朝食→バスでブライトエンジェルトレイル入り口→プラトゥーポイント→キャンプ場に戻る→夕日を見に行く→ボーリング
旅の種類：多国籍ツアー（Trek America）

ACCESS

日本から米国のロサンゼルスを乗り継ぎ、ラスベガスへ。日本〜ロサンゼルスは約10時間、ロサンゼルス〜ラスベガスは約1時間15分。ラスベガスからグランドキャニオンは車で約6時間。

my golden day:
053
ギリシャ・サントリーニ島
地球を、宇宙を、感じた日

青。白。ピンク。鮮やかに輝く「恋人たちの島」で過ごす幸せ。

青と白が映える、天国みたいな島。サントリーニ。

ノートの表紙になっていた、その島の名前を知ったのは旅に行くことを決める少し前だった。旅のテーマソングはベタに「マンマ・ミーア」。エーゲ海が舞台のこの映画は、ABBAの曲も相まって、終始きらきらしている。そのきらきらに惹かれてここまでやってきた。船酔いもなんのその。

期待は裏切られなかった。
海を眺めながら風に吹かれるだけで幸せ。
地図も持たずにふらふらと自分から迷子になった。
いたるところに咲く濃いピンクの花は、青と白の建物にマッチしていて、島に鮮やかさを添えていた。

火山島で地球の鼓動を感じ、世界一の夕陽に想いを馳せ、地平線から天井まで星でいっぱいの夜空の下、何度もため息をついた。

恋人たちの島。まさしく。
一瞬で恋に落ちて、思い出になった君。
今は何をしているのでしょうか。
思い出は、思い出のままにとっておこう。
その方が美しいから。

PROFILE

名前：伊丹 沙友里　**年齢**：24歳　**職業**：会社員

ABOUT

国名・地域：ギリシャ・サントリーニ島

1日のルート：ティラのオールドポートを出港、火山島へ→硫黄の匂い漂う火山島をひたすら登る→温泉地に寄る→帰港、気まぐれロバタクシーでティラの街へ戻る→バスでイアへ。イアの夕陽・星空・夜景、雰囲気に酔いしれる

旅の種類：一人旅

ACCESS

日本からフランスのパリ、ギリシャのアテネを乗り継ぎ、サントリーニ島へ。日本～パリは約12時間30分、パリ～アテネは約3時間15分、アテネ～サントリーニ島は約50分。

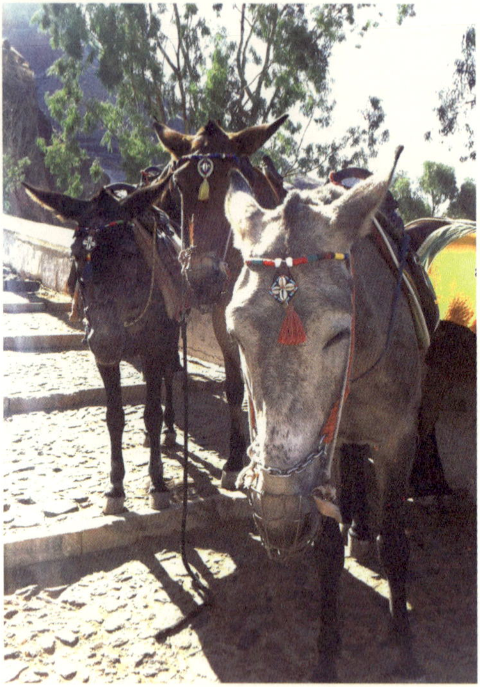

my golden day:

054

モロッコ・シャウエン

青の迷宮で魔法使いと出会う

海底にいるような神秘的な感覚。ずっと迷っていたくなる、優しさに満ち溢れた青い迷宮。

「モロッコに真っ青の村がある」と知ってモロッコ行きを決めた。

フェズの街からバスに乗り、5時間近く山道に揺られ、山間の小さな村シャウエンについた。フェズの喧噪から離れ、静かで穏やかな村に安堵する。

村の中心の小さな広場から放射状に伸びる小道は、どこも迷路のように複雑になっていた。

地図も持たずに歩き始めると、一面青色の世界が広がった。

何層にも塗られ丸みを帯びた建造物は、海底にいるような、不思議で神秘的な感覚を覚えさせてくれた。

青い迷路をあても無く歩いていると、突然、**トンガリ帽のマントを着た魔法使い**と出くわす。

無表情に通り過ぎ、青の先へと消えて行った。

夜になり、迷路の先のハマムへと向かった。

無論、辿り着けるはずはなく、道々出会う人々に尋ね、指差す方へと誘われ、ようやく辿り着く。ハマムの中ではアバヤを外した、とても美しい女性たちに目を奪われる。作法を知らない私に、お客で来ていた女性たちが、ゆっくりと丁寧に身振り手振り示してくれる。
「シュクラン」と言うと、照れくさそうに笑ってくれた。

帰りも魔法使いやこどもたちに助けられ、青い迷宮をしあわせな気持ちで歩いたのだった。

優しいこの村で、ずっと迷っていたいと思える大切な1日だった。

PROFILE
名前：宮崎 貴代　**年齢**：34歳　**職業**：会社員

ABOUT
国名・地域：モロッコ・シャウエン
1日のルート：フェズ→バスで山をいくつも越え山岳地帯の秘境シャウエン→ちいさな村を迷いながら歩く→夕食に安くておいしいモロッコ料理→甘いミントティーで一服→ハマムに挑戦
旅の種類：一人旅

ACCESS
日本からアラブ首長国連邦のドバイを乗り継ぎ、モロッコのカサブランカへ。日本〜ドバイは約11時間、ドバイ〜カサブランカは約8時間。カサブランカからシャウエンまでは、車で約6時間。

my golden day :
055
サンマリノ共和国
天上の世界 ～恩人へ、感謝の旅～

世界で5番目に小さい、世界最古の共和国。サンマリノの城外から眺める雲の海。

「ひょっとしたら、旅できる最後のときかもしれない」
…そう話した人生の恩人（78歳）に、何か喜んでもらえたらと「行ってみたいところ、見てみたいもの」を聞いて、旅を計画。2ヵ月間21ヵ国、エジプト＋ヨーロッパ周遊の旅。

日本を離れ1ヵ月半経過した旅の終盤。
イタリアの中にある世界で5番目に小さな国・サンマリノ共和国がこの日の目的地。
世界最古の共和国で1700年の歴史があるサンマリノが、この旅20ヵ国目となる国！
そこで出会った絶景。

早朝フィレンツェを出発し、次の旅の基点となるボローニャへ。駅構内にあるバールにてエスプレッソを楽しむ。郷に入っては従え。現地の人と同じように、クロワッサンと濃いエスプレッソに砂糖を入れ、一気に飲み干す。もちろん、恩人も同じように。

ボローニャからは、鉄道とバスを乗換、城壁に囲まれた街サンマリノへ。
城門をくぐり、トコトコと坂道をゆっくりあるきながら、街並を目に焼きつけるように堪能する。

やがて、標高750mから城外の景色を見渡すと、そこには辺り一面に雲海が広がっていた。

それは、**まるで雲の上の世界にいるような空想的で息を飲む景色。**

言葉を交わすこともなく、ただ景色をずっと見ていた。

時間が経ち、やがて日が落ち始めると、先程とは違った景色になった。
11月という観光客がほとんどいないこの時期、静寂に包まれた市庁舎前から見た、雲海に沈む美しい夕日が忘れられない。
ベンチに腰掛け、時を忘れて見ていた。
この旅を含め、これまで約40ヵ国旅した中で、1番の絶景となった。

今でも目を閉じれば、この光景、静けさ、風の音、においなどが鮮明に浮かぶほど、最高に強烈で、一生涯、心の中に残る景色になる。もちろん、この2ヵ月間の旅を無事に終えた恩師の心の中にも、いまでもこの絶景が心に残っている。

PROFILE

名前：太 光昭　年齢：38歳　職業：フリーランス

ABOUT

国名・地域：サンマリノ共和国

1日のルート：フィレンツェ→ボローニャ（駅で朝食）→リミニ（バス乗換）→サンマリノ→リミニ（バス乗換：鉄道出発遅れ）→ボローニャ

旅の種類：恩師との旅

ACCESS

日本からイタリアのローマまでは約12時間40分。ローマからボローニャへは電車で約2時間30分。ボローニャからサンマリノ共和国までは車で約1時間30分。

my golden day :

056

ミャンマー・バガン

パゴタの国のタケノコ平原

ミャンマーの色濃い緑の中、筍のように点在する無数の仏塔。

日本在住ミャンマー人の友人のご家族に会いに、バガンへ旅行に出かけた。

早朝に起き、友人の妹の旦那テコさんご自慢のトラック（NISSAN製）に乗って出発！
まずは腹ごしらえと近所の屋台へ。ここで食べたモヒンガー（ナマズ等を粉砕して作った濃厚スープに麺を入れた料理）がウマ過ぎて３杯おかわり。
屋台から出たその時！ 托鉢のご一行に遭遇。
土色の町並みにえんじ色の法衣、さらに朝の喧騒に僧侶の穏やかな表情の対比が荘厳な雰囲気を醸し出す。

食事の後、バガンの町をドライブ。
バガンは遺跡や動物に自然も豊富で、車窓のどこを眺めていても飽きない。
20分ほど走り、とある遺跡の前に車を止めた。

20mほどの高さの遺跡の薄暗く細い階段を上ると、目の前に数えきれないほど無数のパゴダ（仏塔）が色濃い緑の風景の中に、まるで筍のように。ポコポコと赤茶けた頭をのぞかせていた。

「なんだこの奇妙な風景は！」
果てしなく広がる風景に遠近感が麻痺するような感覚に陥った。

その後訪れた遺跡では、アジアに精通した友人が以前おすすめしていた写真家に偶然遭遇！
バガンモンモンは素晴らしい写真家であり、報道写真の世界規模のコンテストで賞を総なめにした実力派だ。写真集を買ってサインも頂いた！ 会えると思ってなかったのでラッキー！

その後、家族みんなでお祭りに出かけた。
会場に着くと、爆音の中、ごったがえす人の中で、紙製のハリボテの人形をおみこしのようにみんなで担いで大騒ぎ。
次から次へとハリボテが流れてくる中、可愛い衣装を着た少女たちが乗った乗り物も現れる。
お祭りってなんて楽しいんだろう。
いつしかみんなの笑顔が自分の表情まで笑顔にさせた。

テコさんはその日の締めくくりに、私達を最も高い遺跡へ連れて行く。
そこでバガンのサンセットと青く光る満月の風景を堪能。
月明かりに浮かぶ筍は、それは幻想的な風景だった。
いろんな偶然が重なった最高の1日だった。

PROFILE

名前：北浦 康成　**年齢：**33歳　**職業：**IT関係
HP：「Over the Border」　http://overtheborder.lomo.jp/

ABOUT

国名・地域：ミャンマー・バガン
1日のルート：朝、テコさんの車でバガン観光→朝食モヒンガーの屋台→托鉢に遭遇→バガン遺跡観光→バガンモンモンさんに遭遇→お祭り観光→遺跡でサンセット、ムーンライズ
旅の種類：友人との旅行

ACCESS

日本からタイのバンコク、ミャンマーのヤンゴンを乗り継ぎ、バガンへ。日本〜バンコクは約6時間30分、バンコク〜ヤンゴンは約1時間15分、ヤンゴン〜バガンは約1時間。

my golden day :

057

クロアチア・コールチュラ島

アドリア海の休日

アドリア海から吹く心地よい風。木漏れ日の下の昼寝。夕日に照らされたオレンジ色の街の風景。時間がゆっくりと流れる島の休日。

ドブロブニクからバスでコールチュラ島へ。

観光客でごった返していたドブロブニクとは違い、人もまばらでのんびりと時間が流れている。
芝生の広場でサンドイッチをほおばった。バックパックを枕に木漏れ日の下、アドリア海からの心地よい風を頬に感じながら、しばしうとうと。

それから小一時間もあれば回れる大きさの町を散策。石畳の細い路地に吸い込まれるように入ると、トンネルがあったり、よく手入れされた草花が窓からつられていたり、井戸端会議に使うであろう、年季の入った木製のテーブルが置かれていた。
まるでおとぎ話の世界に入り込んだようだ。

散策で汗をかいたら、クールダウン。城壁から階段を下りれば深く澄んだアドリア海で泳ぐことができる。光の降り注ぐ海の中を覗けば、たくさんの魚が気持ちよさそうに泳いでいた。

そこに混じって泳いだり、読書しながら日光浴。
太陽の光が海でひんやりした体を心地よく包んでくれた。

その後、海沿いのカフェに入ったり、露店を見て回ったりして、ゆっくりと時間が流れるのを楽しんだ。

だんだんと日が傾いてきたので、町のはずれの海岸へ。そこからは町の中央の尖塔を取り囲むように白い石造りの家々が立ち並んでいるのが一望できる。ベンチに腰をおろして、しばらく海辺で遊ぶ子供たちを眺めていると、夕日に照らされて町全体が次第にオレンジ色にゆっくりと染まっていった。

「ここに来てよかったね」と隣に問いかけると、素敵な笑顔が返ってきた。

これが僕らの最高の1日。

PROFILE

名前：松本 大範　年齢：30歳　職業：会社員
HP：「drops -旅写真家と料理研究家、夫婦ふたりの世界一周のキセキ-」
http://drops-travel.com/

ABOUT

国名・地域：クロアチア・コールチュラ島
1日のルート：ドブロブニク→コールチュラ島→石畳の残る町を散策→アドリア海で海水浴・シュノーケリング→海沿いのカフェ・露店巡り→夕日鑑賞
旅の種類：世界一周・夫婦旅

ACCESS

日本からイタリアのローマを乗り継ぎ、クロアチアのドブロブニクへ。日本～ローマは約12時間40分、ローマ～ドブロブニクは約1時間15分。ドブロブニクからコールチュラ島までは高速船で約2時間30分。

my golden day :

058

ジャマイカ・モンテゴベイ

地球一周で行く憧れの地での夕日

街中に鳴り響くレゲエの音楽。コバルトブルーの透き通る海。水平線に沈む夕日。夢が叶った憧れの地・カリブの楽園。

「レゲエ発祥の地ジャマイカで本場のレゲエフェスに参加する」・・・これが僕の夢だった。

そしてもう一つの夢が「地球一周」。ピースボートならこのふたつを一気に叶えられると知り、会社を辞めて飛びついた。ボランティア制度でピースボートのポスターを貼れば、船賃の割引が貯められる、ということで僕は約3000枚を3ヵ月で貼り、一石二鳥の旅に出かけた。

アジア・中東・ヨーロッパを巡り、ついにカリブ海に浮かぶ憧れの地ジャマイカへ。

船が着いてすぐ旅で知り合った仲間とバスに乗り込み町の中心部へ。さっそく買ったボブ・マーリーの顔が書いているTシャツに着替え、1$のビールを片手に歩いていると、聞こえてくるのはもちろんレゲエ。町中どこに行っても途切れることなく聞こえるのには訳があった。

ドレッド頭のジャマイカンおやじがスピーカーをかついで歩きまわっているから。

午後からは海へ。待っていたのは「カリブの楽園」の名にふさわしいコバルトブルーの海。
僕は海パンに着替えることも忘れて、ジーパンのまま海へDIVE!!

透き通る海を感じたくて目を開けてみると、どんどん海に飛び込んでくる仲間たちと、海水が目に入ってきてシビれた。
はしゃぎまくり、たらふくの海水を飲んだ後は、本場のレゲエフェスへ。
会場の横にはどこまでも綺麗な海があり、現地の酒を片手に本場レゲエシンガーの声に酔いしれた。周りにはジャマイカ人と旅で知り合った仲間、そして一緒にポスター貼りを頑張った仲間が最高の笑顔で踊っている。

これ以上ないシチュエーションのクライマックスは水平線に夕日が沈む瞬間だった。
あまりの綺麗さに見とれていると、仲間が肩を組んで来て言った。
「夕日が沈んだってことは、日本では朝日が昇って1日が始まるんやな。地球の裏側まで来たってことは、ここからどう帰っても地球一周!! 一緒に夢を叶えたな!!」
この一言が全てを物語っていた。

憧れの地で最高の音楽と最高の酒、そし最高の仲間と夢を叶えた日。
全てが揃った1日。
これが僕の最高の1日に間違いない。

PROFILE

名前：新井 博文　年齢：25歳　職業：NGO職員

ABOUT

国名・地域：ジャマイカ・モンテゴベイ
1日のルート：モテンテゴベイ入港→ダウンタウンを町歩き→仲間と海でおおはしゃぎ→本場のレゲエフェスに参加
旅の種類：ピースボートで地球一周

ACCESS

日本から米国2都市を乗り継ぎ、ジャマイカのモンテゴベイへ。往路の合計飛行時間は約16時間。空港からダウンタウンまでは車で約30分。

my golden day:
059
エクアドル・ガラパゴス諸島
動物たちの楽園

「この動物に絶対会いに行こう！」独自の進化を遂げた、ここでしか見ることの出来ない生き物たちのパラダイス。

中学生の頃、テレビで初めて目にした奇妙な動物、イグアナ。
別に「爬虫類が好き」とか言うワケでもないのに、なんだかすごくインパクトが強く、いつかは**「この動物に絶対会いに行こう！」**と、そう心に決めた。

それから何年もの年月が経ち、ついにその夢を実現出来る時がきた。そこがガラパゴス。
日本とは地球のほぼ反対側に位置するこの小さな島々は、世界中他のどこに行っても見ることの出来ない固有種が沢山生息している完全保護区域。**人はやはり「そこでしか見られない」と限定されると、更に気持ちは高まるもので、私もわくわくと待ち遠しい気持ちで6月の繁殖期を目掛け、ガラパゴスに降り立った。**

そして苦難の末、ようやく最高の1日を迎えることの出来たノースセイモア島への切符が手に入る。

朝、バスの迎えが来て、滞在拠点だったサンタクルス島の北側までドライブ。そこから15分くらい船に乗ると見えてくる島がノースセイモア島。一周歩いて周れる程本当に小さな島だが、そこには私の期待を遥かに越える光景が詰まってた。

完全に保護された島だけあって、**ここの動物達は全く人間を怖がらない。**
カメラを向けても、ポーズを撮ってくれているかの様。
皆、きっと先祖から「人間は危険だ！ 気をつけろ！」と教わってないのだろう。
それもそのはず。最大の敵である人間に守られているのだから。動物にとって正に楽園だ。
恐怖心とか緊迫感とは無縁の、長閑なゆったりとした空気がそこには流れていて実に心地良い。

そんな楽園に一日お邪魔させて頂き、念願のイグアナに会えただけでなく、この時期だけに胸を赤く膨らませるアメリカグンカンドリやアオアシカツオドリの貴重な求愛ダンスを初め、卵〜成鳥になって行く過程も全部見れたこの日は、まさに私にとって楽園のような最高の1日となった。

PROFILE

名前：橋本 さやか　年齢：31歳　職業：事務職
HP：http://blog.goo.ne.jp/saya88tees

ABOUT

国名・地域：エクアドル・ガラパゴス諸島
1日のルート：サンタクルス島→ノースセイモア島→サンタクルス島
旅の種類：世界一周一人旅

ACCESS

日本から米国のヒューストン、エクアドルのキトを乗り継ぎ、サンタクルス島へ。日本〜ヒューストンは約11時間50分、ヒューストン〜キトは約5時間30分、キト〜サンタクルスは約3時間。

my golden day：

060

インド・バラナシ

『穏やかなインド』に出会った日 ～ガンジス河に魅せられて～

「バラナシで死ぬために生まれてきたのさ」喧噪の中の穏やかさ。静粛とはかけ離れたガンジス河の神秘的な日常。

世界一周４ヵ国目、インド。その中でも一番楽しみにしていた、「聖地」バラナシに着いたのはインドの夏が終わりかける10月の末。ガンジス河に祈りを捧げる人々がどうしても見たくて、私は朝からガンジス河へ出かけた。

朝６時。日の出の頃になると人々が集まってきて、静かに各々河につかり始める。それぞれのやり方で沐浴をする人々。いつもはうるさいこの街がとても静かだった。この時撮ったひとりの老人の後ろ姿は、私の世界一周で１番お気に入りの写真。

お昼のガンジス河は、人が溢れかえって、とてもうるさい。そんな中、客引きや物売りを無視しながら座っていると、インド人の生活のワンシーンが見られた。指で歯を磨く少女や、洗濯をするおばさん、石鹸で体を洗うお兄さん。近くでおじさんが数人並んでいるので見に行くと、髭剃り屋さんがいたりして、私はずっとそのおじさんの手さばきを見て楽しんでいた。

ぼーっと座る私にインド人はひっきりなしに声をかけてくれて、無理やりおでこに赤い印をつけられ、一緒にガンジス河に手を合わせたりもした。ただただ河のほとりに座っていた一日だけど、すごく幸せだった。

夕方のガンジス河では、毎日、プジャーという祈りの儀式が盛大に行われる。
何百人という人たちが照明に照らされて祈っていた。鐘が鳴り、祈りの声が大きくなる。

静寂とはかけ離れているけれど、とても神秘的な世界だ。

インド人は雑で、うるさくて、暑苦しい。けれど彼らは神を信じ、神とつながる静かな心も持っている。

汚いガンジス河もなんだかキレイなものに見えてくる。

ここは静かではないけれど、不思議と穏やかな街だ。

「バラナシで死ぬために生まれてきたのさ」

満面の笑みのおじさんが締めくくってくれた、そんなガンジス河での1日。

PROFILE

名前：藤原 瑠衣　年齢：22歳　職業：学生

ABOUT

国名・地域：インド・バラナシ
1日のルート：バラナシ・メインガート周辺
旅の種類：世界一周

ACCESS

日本からインドのデリーを乗り継ぎ、バラナシへ。日本〜デリーは約9時間、デリー〜バラナシは約1時間30分。

my golden day:
061

ニューカレドニア・ウベア島
天国にいちばん近い島での1日

**「天国は自分の心の中にある。幸せは自分の心が決めるもの」
白い砂と青い海の美しさ。天国に一番近い島で過ごした誕生日。**

「天国にいちばん近い島」
小説を読んだことも、映画を観たこともないけれど、その言葉だけは知っていた。
ある年の誕生日に、ニューカレドニアに旅に出ることになった。と言ってもニューカレドニアで誕生日のお祝いを、というロマンティックな話ではなく、その時期しか会社を休めないからというだけの話(笑)。

ニューカレドニアに着いて3日目、いよいよ天国にいちばん近い島、ウベア島へ。
乗るのに少し勇気が必要な小さなプロペラ機に、色とりどりのミッションローブを着た現地の人々と共に乗り込む。
ほんの30分ほどでウベア島に到着。迎えにきてくれた車でひとまずホテルへ。

その道すがら見えてきた白い砂と青い海！
世界を旅した人たちも、結局、沖縄の海に戻ってくるという話を聞いたこともあり、そんなものかもねと思っていたが、いい意味で大きく期待を裏切られた。

どこまで走っても、どこまでも続く白い砂と青い海。
それは、**胸の奥深いところから清々しく温かい感覚を呼び覚ます美しさだった。**

ひと通り島内の観光を済ませ、いよいよホテルでのランチタイム。
木陰で涼しい風が吹く中、穏やかな波の音だけが聞こえる。
太陽の光を浴びて、水面はダイヤモンドのようにキラキラと輝いている。
その水面を眺めていたら、ふと自分がどこにいるのか分からないような不思議な感覚に捉われた。
天国は自分の心の中にある。幸せは自分の心が決めるもの。
ひとつ年を重ねながら、そんなことを思った。

あまりの美しさに我慢できず、常夏とは言え冬の季節の少し冷たい海につかり、またプロペラ機で本島へ。

これが天国にいちばん近い島で過ごした、最高の1日。

PROFILE

名前：田村 瑞穂　**年齢：**35歳　**職業：**自由業
ブログ：『枠を越えた世界へ旅に出よう！』　http://ameblo.jp/sparklingjourney/

ABOUT

国名・地域：ニューカレドニア・ウベア島
1日のルート：ヌメア（グランドテール島）→ウベア島→ヌメア
旅の種類：友人との旅行

ACCESS

日本からニューカレドニアのヌメアを乗り継ぎ、ウベアへ。日本～ヌメアは約8時間30分、ヌメア～ウベア島は約30分。

my golden day:
062
マリ・ドゴン
Best Smile in アフリカ

「同じ笑顔は2度見ることが出来ない」満天の星空と満面の笑顔。母なる大地・西アフリカで体験した一番の奇跡。

西アフリカに入って2ヵ月が過ぎた。
ドゴン民族の村で満天の星空から隕石が落ちる瞬間に遭遇した。
奇跡だ。
体中が震え神秘的過ぎて涙が出た。
人生初の感覚。amazing！ やばい！ 最高やん！
現地の人のお家で生活し働かせてもらう中で、たくさんの愛や優しさ、自分の物は全て分け合うという精神に心打たれた。

母なる大地！ 流石アフリカ！

過酷で無謀な旅も明日で終わり。
アフリカの空港に降りた日は怖すぎて1歩も動けず空港で野宿した。
同じ人間なのに肌の色や言葉が違うだけで恐怖でしかなかった。
今となっては帰りたくない。なんだか切ない気分だ。

mika（一緒に行った友達）と川沿いを散歩した。

町の風景にも慣れたがやっぱりバラックで生活する人達にはグッとなる。
子供たちが敬遠しながらこっちを見ている。
ガキ大将らしい男の子が話しかけてきたので、ジェスチャーと表情で必死にコミュニケーションをとる。
しばらくするとみんなが集まり、怯えていた女の子たちも集まり輪になっていた。
みんなでSMILEごっこをして遊んだ。
最初はひきつった笑顔も徐々に自然になり満面の笑みに囲まれた。

繋がった！ イェーーイ！ 最高にhappyだぁーーー！

心を奪われる美しい景色や建物、美味しい物や一流のアートを見てきたけど、
やっぱり笑顔に勝るものはない。

同じ笑顔は2度見ることが出来ない。
これが一番の奇跡かな。

Don't forget smile.
やっぱり旅は辞められないな。
むふふふふぅぅ♡

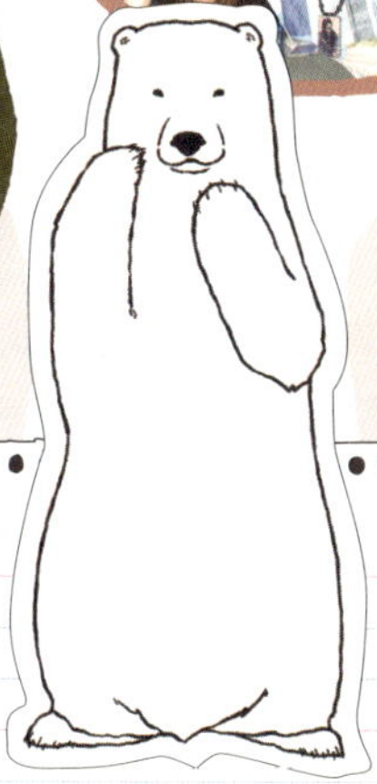

PROFILE

名前：金井 元香　**年齢**：31歳　**職業**：自営業
ブログ：http://ameblo.jp/m--room/

ABOUT

国名・地域：マリ・ドゴン
1日のルート：ドゴン→JEEPでモプティに戻る→アフリカ人とフランス人のシェアハウスで休憩→偶然、結婚式に遭遇し参加→川沿いに夕陽を見に行く
旅の種類：友人との旅

ACCESS

日本からフランスのパリを乗り継ぎ、マリのバマコへ。日本〜パリは約12時間30分、パリ〜バマコは約6時間。バマコからは車でドゴン族の居住区バンディアガラまでは、途中セヴァレで1泊する。バマコ〜セヴァレは約9時間、セヴァレ〜バンディアガラは約2時間。

my golden day:
063

中国・東チベット

もう一つのチベット

異世界に迷い込んだ感覚。標高4千メートル、チベット最大の僧院で感じた衝撃と感動。

ある日ブログで紹介された東チベットの写真を食い入る様に見ていた。
この時に"いつかは世界一周"から、"東チベットへ行くための世界一周"へと変わる。

念願の世界一周の旅へ出て1ヵ月、僕は東チベットへ向かっていた。
目的地はラルンガルゴンパ。チベット最大の僧院であり、住人の9割以上がチベット僧である。
未舗装の道を乗合バスで何台も乗り継ぎながら目的地へ向かう。

数日かけてやっと到着。降り立った瞬間からこのゴンパに目を奪われてしまった。
僕以外の観光客はゼロ、周りを見渡せば袈裟を着た僧侶しかいない。
異世界に迷い込んでしまった感覚に包まれる。

このゴンパは山間の谷に形成されている。

山の上に立ってこの僧院を見渡したいと思い坂道を駆け上がった。
標高は4000mもあり、すぐに息が切れてしまう。
なんとか登り切って振り返ると、絶景が現れる。
一つ一つの僧房は簡素で小さなものだが、全景として見るとカラフルで美しい家並み。
無心でカメラのシャッターを押した。苦労してここまで来た甲斐があったなと心底思った。

チベット族は穏やかで優しく日本人を迎え入れてくれる。
英語も日本語も通じなかったが、ちょっとした筆談だったり、写真を見せたりするとすぐ仲良くなれる。

これから先の旅でも世界的に有名な景色を追い求めていくが、ラルンガルゴンパを超えるものは無いと思う。
この旅で一番行きたかった場所、この旅で一番印象に残るだろう場所。
ここで見たもの聞いたもの感じたものは、この先もずっと忘れないと思う。
それほどの衝撃と感動を受けた。
これが私の最高の1日。

PROFILE

名前：櫻井 利通　年齢：28歳　職業：Travel Photographer

ABOUT

国名・地域：中国・東チベット
1日のルート：5:30馬尓康のバスターミナルへ→6:00乗合タクシーにて色達へ出発→12：00色達到着→乗合タクシーにてラルンガルゴンパへ→1日ラルンガルゴンパ散策
旅の種類：世界一周一人旅

ACCESS

日本から中国の成都へ約6時間45分。成都からは2日間のバス移動となる。1泊する中継地点の馬尓康までは約9時間30分。馬尓康からラルンガルゴンパへ拠点の町色達までは約6時間30分。

my golden day : 064

カンボジア・シェムリアップ

アンコールワットの1日

雄大にそびえ立つアンコールワットに鳥肌ものの感動。

前日の夜、僕はバンコクから陸路で半日かけてシェムリアップの町についた。
目的は1つ、アンコールワットを自分の目で見るため。

僕は日本語現地ツアーに参加した。
朝4時半に起床してサンライズを見に行った。太陽が出るにつれて、暗闇に包まれていた寺院が少しずつ姿を現す。
そしてそこに待っていたのは、**水面に反射し上下対称をなし雄大にそびえ立つアンコールワット**だった。僕はあの感動をうまく言葉で表現できなかったが、鳥肌の立つ感動を覚えたのは人生でこのときが最初だったと思う。

その後、夕方までひたすら散策を続け、観光の最後にサンセットを見にプノンバケン山へ向かった。しかし天候は曇り。太陽が見えない、そして気温40度の中で一日中歩き続けたことも加わり、山の頂上で疲れがピークに達していた。

そんな時だった。「あれ虹じゃない??」友人が僕に言う。
たしかに空が虹がかった色をしていたが、何かがおかしい。

虹が円を描くのではなく、雲が虹になっていたのだ。
もちろんあんな虹を見るのは初めてだった。
今まで見たことのない気象現象をカンボジアで見るという奇跡。
一日の最後に最高のプレゼントが僕に待っていた。

そして最後に一緒にまわったみんなへ。一人旅だから一人で行動しなければならないわけじゃないということをほんとに痛感させられた1日でした。
旅先だからこそ出会えたんだと思う。なにより一人旅や二人旅してる人がこうして集まって、同じ時間を共有できる素晴らしさを僕は知った。

この1日を、そしてこの感覚を僕は一生忘れない。

PROFILE

名前：大場 隆祥　年齢：20歳　職業：大学生

ABOUT

国名・地域：カンボジア・シェムリアップ
1日のルート：アンコールワットサンライズ鑑賞→寺院散策→プノンバケン山からのサンセット鑑賞→ナイトマーケットで夕食
旅の種類：一人旅

ACCESS

日本からタイのバンコクを乗り継ぎカンボジアのシェムリアップへ。日本～バンコクは約6時間30分、バンコク～シェムリアップは約1時間。

my golden day :
065

フランス・リオン

料理が芸術と呼ばれる街で

ただ純粋に、食べることが好きで訪れた「食の都」。料理が芸術と呼ばれる街で過ごす最高の時。

シャンゼリゼフランス。
世界一周の旅、半分を過ぎた頃訪れた街、食の都リオン。
ただ純粋に食べることが好きでこの街に訪れた。
ただそれだけの最高の1日。

当時マカロンがいまほどメジャーになる前、色とりどりの小人みたいにマカロンが並べられているカフェのショーウィンドウ。スーパーマーケットに色彩のキャンバスを持ち込んだような野菜たち。何度食べても飽きの来ないシンプルな食のマリアージュ、フランスパン。
そういったものを眺め、頬張りながら、まずは世界遺産にも登録された旧市街を通り過ぎ、丘の上にある宿を目指す。着いたらまずはチェックイン。そして荷物を置き、街の話を聞く。
そこでは食のために訪れる人もやはり多い。そこで知り合った、チーズを世界に広めるために旅しているという人と一緒にリオンのレストランへ。

レストランは外装だけでも素敵だ。例えビストロでも飾らない貴婦人や紳士が食に舌鼓をしている。

名物のリオンサラダや、その日のお勧め魚料理、昼も夜も美味しそうと思ったお店で食べていく。

それから一緒に飲むハウスワイン。食とお酒が揃えば言葉はもう要らないでしょう。

夕食も終わり、話もたくさんして、ほろ酔いの中で帰る夜のリオン。
丘から見下ろす夜の街は、神さまの光に照らされたシルエットの街。
眺める景色にひっそりと、**「夜風に吹かれて最高だね」**と呟いた。

PROFILE

名前：橋本 真俊　年齢：27歳　職業：現在IT業でサラリーマン
HP：「Over the Border」　http://overtheborder.lomo.jp/

ABOUT

国名・地域：フランス・リオン
1日のルート：リオン旧市街→丘の宿→素敵な街のレストランでランチ→市街散歩→夜にワインと一緒にディナー→丘の宿
旅の種類：世界一周一人旅

ACCESS

日本からフランスのパリまで約12時間30分。パリからリオンまでは、電車で約2時間。

my golden day :

066

アメリカ・サンフランシスコ

人生を変えた坂だらけの街

上り坂。下り坂。急な坂。
坂だらけの街で気づいた人生の教訓。

大学時代の友達が住むサンフランシスコを訪ねたのが私の初めての一人旅。
初めての一人での飛行機に、自分で立てる観光ルート。
だがしかし計画通りにことは進まず、1週間のうち晴れたのはたった一日。
連日の雨で、宿のあるダウンタウンからは出れない毎日。

5日目にしてやっと晴れたこの日、ここぞとばかりに朝の8時から行動開始。
南に東に西に北に。サンフランシスコを全部見てやろうと。
だけど、地図で見ていたのとは違って、
サンフランシスコという街は坂だらけ…というか坂しかない。
一つ上り終えてはまたすぐに坂。下ったと思えばまた大きな上り坂。かとおもいきや急なくだり坂。その繰り返し。
だけど大きな坂を上りきったあとにみえる世界は絶景で、海だったり緑だったり、街並みだったり。だんだんこの坂を上り終えたら何が待ってるのか、うきうきしてきて。

そんな風に沢山坂を上ったり下ったりしてるうちに「人生もこんなものか～」と思えてきて。

上り坂、下り坂、沢山あるけど乗り越えた後の感動は大きいよなって。

特に何をしたわけでもないサンフランシスコ。
だけど得たものが大きい旅でした。

PROFILE

名前：谷田 未萌　**年齢**：21歳　**職業**：フリーター

ブログ：http://ameblo.jp/0t0m0n

ABOUT

国名・地域：アメリカ・サンフランシスコ

1日のルート：ダウンタウン→アラモスクエア→フィッシャーマンズワーフ→ユニオンスクエア→フェリービルディングス

旅の種類：一人旅

ACCESS

日本から米国のサンフランシスコまで約9時間30分。

my golden day:
067

モロッコ・サハラ砂漠

音楽で国境を越えた日

バベルの塔が壊れる前の人間の姿。サハラ砂漠に響き渡る世界中の旅人たちのアカペラリレー。

アフリカ大陸最大の砂の荒野、サハラ砂漠。
日の出を拝む現地のツアーへ参加した日のこと。

総勢15名、世界中の旅人たちとバンとラクダを駆使して、モロッコのマラケシュからサハラ砂漠へ向かった。
2日目の夕方にサハラ砂漠にあるテントに到着。

夕食をとった後、ガイドのベルベル人が民族楽器で現地の歌を披露してくれた。
ひとしきり盛り上がった後、急に「お前、スキヤキ歌えるか？ 俺、弾くからお前歌えよ！」
といきなりの無茶ぶり。歌詞わかんねぇし、けどまぁ鼻歌でごまかすか、ってカンジで「OK！」と俺。
しかし、なかなか演奏しないベルベル人。
「おいおい、アカペラかよ！」と冗談のつもりで言ったら、
「Yeah！！ アカペラ！」って周りの旅人達が大盛り上がり。

こりゃやるしかねぇか、てか日本の歌を世界にアピールするチャンスじゃね？！と

日本代表気取りで自分を盛り上げ、「上を向いて歩こう」を日本語で熱唱。
手拍子が自然に湧き起こり、歌い終わると拍手喝采！　気分は最高！

そこで、ナイスなアイデアが閃いた。
「これさ、皆の国の代表的な歌を１人１曲ずつ歌って回そうぜ！」と皆へ提案。
そして、旅人たちとの歌のアカペラリレーが始まった。

南極除けば全ての大陸の人々が、小っちゃなテントの中で歌い、笑い合っていた。
気づくと国境なんてひょいっと越えちゃってた。

その時、俺は聖書のバベルの塔の話をふと思い出した。
神の怒りを買い、言語をバラバラにされた人間。
言葉をバラバラにされる前の人間は、きっとこんな風に夜な夜な歌い合い、笑い合ってたんじゃないかなって。

世界中から来た旅人達とサハラ砂漠のテントに泊ったあの夜は、本当に忘れられない思い出になった。
あの夜があったから俺は旅に魅了されちゃったんだと思う。

あれから２年後、あの夜、歌を歌いあった友人に会いに南米に遊びに行ってきた。
何処に行くかよりも誰と会うか、そんなことを学んだ旅だった。

PROFILE
名前：宮島 千尋　**年齢：**31歳　**職業：**会社員

ABOUT
国名・地域：モロッコ・サハラ砂漠
1日のルート：ワルザザードを出発し、バンでサハラ砂漠へ向かう→道中、ベルベル絨毯の工房に寄る、ついでに昼食にタジンを食べる、旨い！→サハラ砂漠到着、バンからラクダに乗り換え、砂漠をさらに奥へ進む→テント到着。夕食をとり、皆で大いに歌う、そして夜は更けていった
旅の種類：一人旅

ACCESS
日本からフランスのパリ、モロッコのカサブランカを乗り継ぎワルザザードへ。日本〜パリは約14時間30分、パリ〜カサブランカは約3時間、カサブランカ〜ワルザザードは約1時間。

my golden day:

068

チリ・イースター島

愛しのモアイとラパヌイ時間を

「私にとってのモアイは、トップレベルの愛しき人だった」開放的なパワーに満ち溢れる大きな島＝ラパヌイ。

ペルー＆ボリビアを多国籍ツアーで巡っていた時だった。
この時、一緒に旅していたのは、オーストラリア、ニュージーランド、イギリス、デンマーク、ペルー人の旅人たち。
旅人同士にはお決まりの、「次の目的地は？」の会話の時。
私が「Easter Island」と答えると、ひとりのメンバーがひとつの雑誌を差し出してくれた。
「Just in time to Festival！ You are so lucky!!」

ちょうど私が訪れる1週間、偶然にも、島で1年に1度開催される「ラパヌイ祭り」と重なっていた。
旅の神様が微笑む瞬間だって、思った。

こどもの頃から、世界七不思議や、よくわからない？遺跡系が大好きだった私。
世界数十ヵ国を巡ってきた今になっても、それは変わらない。
私にとってのモアイは、トップレベルの愛しき人だった（笑）

お祭りの中で、島の人たちは、
ボディペインティングをして歌って踊るパレードをしたり、ダンスショーをしたりする。
老若男女、大人もこどもも、赤ちゃんも！　私は、惹きつけられっぱなしだった。
どんどん溢れてくるパワーとみんなの笑顔に･･･。

旅をしていると、自分が心惹かれるような人々や、街や、風景と出会うことがある。
そしてそこに辿り着くまでには、いくつもの偶然が散りばめられている。
…うーん、違うか。

きっと最初から、出会えるようになってるんだ。
未知なる世界で、出会うべき時に。

「イースター島は、モアイの他にも何かあるの？」と、聞かれることがある。
私はいつも、こう答える。
「愛しのモアイさんがいれば、それでいい。ラパヌイ時間を過ごせたら、それでいい」

PROFILE

名前：菱川 尚駒　年齢：35歳　職業：Photographer&地球探検隊（旅行業）
ブログ：「PhoTraveLife」　http://naokoma76.jugem.jp/

ABOUT

国名・地域：チリ・イースター島
1日のルート：朝焼けモアイ～ラパヌイ祭り（パレードなど）～街を散歩～夕焼けモアイ～ダンスショー（女王決定戦など）
旅の種類：一人旅

ACCESS

日本からタヒチのパペーテを乗り継ぎチリのイースター島へ。日本～パペーテは約11時間30分、パペーテ～イースター島は約5時間30分。

my golden day:

069

モンゴル

同じ釜の飯を食う旅

「モンゴルをバイクで走りたい」同じ気持ちを持つ仲間と過ごす新しい喜び。

自由気ままな個人旅行しかしたことのない私が、団体での旅行に参加したのは、大好きなモンゴルをバイクで走りたかったからだ。「団体旅行」は自分の旅のスタイルとは合わないし、初めて会う人達と朝から晩まで過ごすことが苦痛でならないと思い、敬遠していた。

春夏秋冬訪問し、乗馬とキャンプと遊牧生活に明け暮れる今までの旅とは少し違う目線からモンゴルを感じたいと思い、「モンゴルをバイクで走ろう」と思った。これを実現するためには一人の力ではどうにもならなかったので、妥協して団体旅行の海外ツーリングツアーに申し込んだのだった。

日本各地から集まった10人。生まれも育ちも経験も全く異なる10人の、ただ一つだけ共通点がある。**「モンゴルをバイクで走りたい」**という気持ちだ。
その気持ちは初対面の10名をいともたやすく結びつけた。

同じ場所にキャンプを張り同じ時間に起き、同じ食事をして同じルートを走り、同じ星空を見て同じ感動を語り合う。

あれだけ嫌だった団体行動も、「気持ちが同じ」ならば楽しさが10倍になることを知った。

大好きなモンゴルでひたすら大声で笑った。
大好きなモンゴルをバイクで走ることが嬉しくてしょうがなかったけど、
共に喜びを分かち合う友が出来たことが何より嬉しくてしょうがなかった。

「同じ釜の飯を食べる」

そんな言葉が頭をめぐり、楽しい思い出が、胸からあふれてこぼれていた。

これからも終わることはないであろう10人の絆を強く感じられた、そんな帰国の日、
その日が私の旅人生での新しい喜びを感じることが出来た最高の1日となった。

PROFILE

名前：横島 茜　年齢：34歳　職業：会社員

ABOUT

国名・地域：モンゴル
1日のルート：モンゴル
旅の種類：一人参加の団体旅行

ACCESS

日本からモンゴルのウランバートルまでは約5時間。

my golden day:

070

アメリカ・セドナ

ヴォルテックスの中で

エネルギーの渦巻き＝ヴォルテックスの頂上で愛を叫ぶ。

３年程交際の続いていた彼女が、母国アメリカへ帰国してから半年が経ち、これから先どうなるのかと将来のことを悩んでいた。

そんな矢先セドナへの旅行が決まり、**出発３日前になってから思い立ち、婚約指輪を購入。**

断られた場合、気まずいので、旅の後半で勝負に出ようとバックパックの底に指輪を忍ばせていた。

アリゾナ州はセドナの大自然を満喫しつつ、平静を装っていたが、本当は気が気でない状態であっという間に1週間が過ぎ、ついにチャンスがめぐって来る。

その日は4大ヴォルテックスの一つである”カセドラルロック”に登ることに。
簡単な標識はあるものの、結構自由なルートで登れるのだが、急勾配のうえ標高約1400メートルにあり、息があがる。 1時間程かけて頂上に辿り着くと、そこには壮大な景色が待っていた。

セドナには年間約400万人もの観光客が訪れるそうだが頂上には誰もいない。

「今しかない」そう感じて緊張の面持ちで指輪を差し出し、彼女の前にひざまずいた。

すると、彼女に驚きながら「え〜！まじ！？」と日本語で返され、予想外の反応にしばらく笑いが止まらない。その後きちんと英語でプロポーズ。

言葉通り”人生で最高の1日”になりました。

PROFILE

名前：池上 耕輔　年齢：37歳　職業：看護師

ABOUT

国名・地域：アメリカ・セドナ

1日のルート：滞在地のコットンウッドからレンタカーでセドナへ→4大ヴォルテックスの一つ、カセドラルロックに登る→頂上でプロポーズ

旅の種類：旅行

ACCESS

日本から米国のサンフランシスコを乗り継ぎ、フェニックスへ。日本〜サンフランシスコは約9時間30分、サンフランシスコ〜フェニックスは約2時間。フェニックスからセドナは車で約2時間。

my golden day : 071

スイス・グリンデルワルド

スイスアルプスの絶景を空から眺める

鳥の目線で上空から見下ろすヨーロッパアルプスの大パノラマ。

「空が好き」

どこにでもあるような一言だけど、私の場合はパラグライダーにたどり着いた。
全身に風を受けて風の音を聞きながら、目の前に広がる絶景を鳥目線で上空から見下ろすときのスペシャル感。他では絶対に味わえない。

パラを始めて以来、いつかは必ず飛びたいと思っていたヨーロッパアルプス。
フライトツアーでスイスのインターラーケンという街に滞在し、その日、訪れたのはグリンデルワルト！
朝から文句なしの晴天。
テイクオフの標高は1200mほど。目の前には4000m級の山々がそびえたっている。 ドキドキワクワクした気持ちを抑えられず早速テイクオフ。

上昇気流を掴まえながら自由に空を飛びまわる。 目の前にはグリンデルワルト・オーバラー氷河やヴェッターホルン、シュレックホルン、アイガーが

360度の大パノラマで広がっている。

2500m近くまで上昇してからアイガー北壁を目指して、世界一贅沢なグライド。
さっきまでの強い上昇気流が嘘のように穏やかで静かな時間。
風の音だけが聞こえる中、青い空に氷河や岩壁、足の下の緑の牧草地、自分の周りにいる仲間たちのカラフルなグライダーを見ながら「サイコー！」と心の中でそっと叫んでみる。
ランディングが近づくにつれ、足元に広がるグリンデルワルトの花で飾られた街並みや、カウベルを鳴らしながら歩く牛たちがどんどん近づいてきた。

約2時間のフライトを終えて、みんな笑顔で、自分がどんなフライトをしたかを嬉しそうに語り合う。同じ感動を味わった者同士、気持ちは一緒。

一人で飛ぶのもいいけど仲間と飛ぶともっと楽しい！

まだまだ世界中に飛びたい場所がたくさんある。

空を飛び続けていれば、「人生で最高の1日」がどんどん増えていくのだと思う。
パラグライダーが私にくれたものはあまりにも大きい。

PROFILE

名前：佐藤 直子　年齢：32歳　職業：ソーシャルワーカー

ABOUT

国名・地域：スイス・グリンデルワルト

1日のルート：インターラーケンから車でグリンデルワルト→ゴンドラに乗り換えて「フィルスト」と呼ばれる展望台へ→パラグライダーを楽しんだ後、夕方にインターラーケンへ→ラクレットやブラートヴルストにおいしいワインでスイス料理を堪能

旅の種類：パラグライダーフライトツアー

ACCESS

日本からドイツのフランクフルトを乗り継ぎ、スイスのチューリッヒへ。日本〜フランクフルトは約12時間30分、フランクフルト〜チューリッヒは約1時間。チューリッヒからインターラケンまでは電車で約2時間30分。

my golden day:

072

マルタ共和国

世界の優しさに触れた日

世界中が日本を愛し、沢山の祈りが日本へと向けられたことを真っ直ぐに感じた日。

学生たちの団欒の場であるカフェテリアは、大画面のTVでBBCニュースに見入る日本人で溢れていた。普段がやがやとうるさい西洋人たちも、私達に気を遣って殆ど話さない。

2011年3月11日、私は地中海に浮かぶ小国マルタにいた。
日本人は、誰も午前の授業に出なかった。気仙沼出身の友人の肩を抱いて、私も泣いていた。遠い遠い悪夢のような映像を呆然と観ていた。午後になって、ロシア人のニキータとドイツ人のドーリーナがエスプレッソを片手にやって来て、一生懸命陽気な話をした。何を言っても元気の出ない私たちに、あんな風に声をかけるのは勇気のいることだったと思う。

私はその日午後の便でローマに旅に出ることになっていた。宿に着くと、ロビーでフリーのPCを叩いていた西洋人が私の姿を見るなり立ち上がり、「使いなさい、情報が必要だろう」と言った。「ありがとう、でも、私の家族はみんな無事だから、大丈夫」と伝えた。
彼は慈愛に満ちた表情で私を見つめた。

システィナ礼拝堂には、カトリック教徒しか入れない祈りの間がある。
その前を通りかかると、司祭が私を呼び止めて言った。
「どうぞお入りなさい。ここから祈れば祖国へ届くでしょう」
導かれるように私はその部屋へ入った。敬虔な教徒たちが祈りを捧げている。
東洋人は私ひとりだった。磔のキリストを見上げて祈った。

宿のフロント係もレストランのウェイターも街ゆく人も、口々に「君の家族は無事か」「東京は」「日本の為に祈っているよ」と声をかけてくれた。

歴史的災厄に見舞われたあの日、私は日本にいられなくて、離れていることの恐怖を体いっぱいに抱えた。けれど、海外にいたからこそ、世界中が日本を愛し心配してくれたこと、沢山の祈りが日本へと向けられたことを真っ直ぐ感じた。

それから２週間後、私は街灯が消え真っ暗な東京に帰った。
ヨーロッパを中心に、復興支援の募金活動が盛んに始まったころだった。

PROFILE

名前：梅本 あゆみ　**年齢**：24歳　**職業**：旅する会社員

ABOUT

国名・地域：マルタ共和国、イタリア・ローマ、バチカン市国
1日のルート：マルタで運命の朝を迎える→授業そっちのけで日本人みんなBBCにかじりつく→午後の便でローマへ→バチカン市国観光
旅の種類：留学、一人旅

ACCESS

日本からイタリアのローマを乗り継ぎ、マルタへ。日本～ローマは約13時間、ローマ～マルタは約1時間30分。

my golden day : 073

フィリピン・セブ島

赤ちゃん連れホームステイ in Cebu ～大家族で海へ～

支援する側と支援される側の関係性を超えて。かけがえのない家族40名のショートトリップ。

学生時代、夫がアルバイトで稼いだお金の一部を使って始めた『スカラシップ（奨学生制度）』。
何も考えずに使えば数回の飲み代で消えてしまうお金だが、それで子ども達が学校に通える。

何気なく始めたものの、それを通じて出会ったセブの家族は、単に『支援する側』『される側』という関係を越え、私達に大切なことを気づかせてくれるかけがえのない存在になった。
そんな家族のもとでのホームステイは、約10年の関わりの中で10回を超える。

でも今回の旅は特別だ。なぜって、生後半年の娘を連れての初めての海外旅行だから。
親の不安をよそに、セブの大家族の手馴れた赤ちゃん扱いにすっかり順応した娘は、朝から子ども達に遊んでもらい終始ご機嫌。夫と私はママの作ったオムレツとトーストの美味しい朝食をゆっくりいただくことができた。

朝食の後は、家族でビーチへ。家族といっても、結婚して子どものいる兄妹もいるので総勢40名のショートトリップだ。私達を学生の頃から知っていて、来る度に『次はあなた達のベイビーも連れてくるのよ。』と言っていたママは、さながらセブのおばあちゃん。娘にとって初めての海で少し心配したものの、ビーチに着くなりお兄ちゃん達が慣れた手つきで赤ちゃん用のハンモックを作ってくれた。ゆらゆらと心地よい揺れに娘は大満足。

ビーチで思い切り遊んだ後はみんなでワイワイＢＢＱ！ 青空の下、海辺で食べる味は格別だ。おなかいっぱいになったらまた海へ。いつのまにか遠くで泳いでいたお兄ちゃん達がコーラのボトルに綺麗な魚を釣って帰って来た。初めて訪れた時は、夫に抱っこされ海に入っていた子ども達も今や立派なお父さんになり、今度は彼らの子どもを抱えて、また海に入っていく夫。

毎年成長著しい子ども達との海に、今年からは娘も加わった。
これからどんどん家族が増えても、来年も再来年もずっと変わらず、こうして皆で海に来よう。これが私達の最高の1日。

PROFILE

名前：青木 綾　**年齢**：30歳　**職業**：主婦

ABOUT

国名・地域：フィリピン・セブ島
1日のルート：セブ島・セブシティ→マクタン島・ビーチへ→ランチは海辺でＢＢＱ→ホームステイ先で夕食)
旅の種類：家族旅行

ACCESS

日本からフィリピンのセブ島までは約5時間。

my golden day:
074
ボリビア・ウユニ
生きててよかった

「まるで空を飛んでいるかのような錯覚」
生きていて良かったと思える南米の絶景。

ボリビアの首都ラパスをあとにし、いよいよウユニに向かう。
ここを目指して何日も深夜バスを乗り継いできた。
悪路を15時間走ることついに到着！
ウユニ湖に一番近い町に（笑）
あの絶景にはまだお目にかかれない。

そこからジープでさらに移動してようやくウユニ湖が見えてきた。この時点でもうすでにテンションが最高潮に達していた。ジープに乗って、（本当の意味で）いざウユニ塩湖内にgo!

これが天空の鏡。
まるで空を飛んでいるかのような錯覚に陥る。
ここは天国だと言われたら信じてしまうほど神秘的な絶景だった。
いまにも雲が掴めてしまいそうだった。

伝えたいこと、言いたいことはたくさんあるのに、
出てくる言葉は「やばい」の一言。

もうそれ以外に言葉がでない。いや、言葉なんかじゃ表現できない。
本気で生きててよかったと思った。

塩湖の真ん中に着いて、みな大はしゃぎ（笑）
待ちに待ったこの瞬間！　とりあえず、「せーの」で一枚パシャリ！

疲れなんて気にしない！　紫外線なんて気にしない！
とりあえず全員で渾身の大ジャンプ。
この瞬間一生忘れない。

お決まりのトリック写真もパシャリ。
おそろいのミサンガもパシャリ。
撮影に飽きたら今度はサッカー。
フラミンゴもお出迎え。

時間が止まっていた。

夜は塩湖内のホテルに宿泊。もちろん電気はない。
けれど、ろうそくの灯りで過ごす夜は幻想的であった。仲間で積もる話を夜な夜な語った。

雨季にしか見ることのできないこの絶景。天気次第というリスクもある。
そんな中で見ることができたこの景色、本当に奇跡としか言えない。

南米を旅して良かった。生きててよかった。
あの感動は一生忘れない。

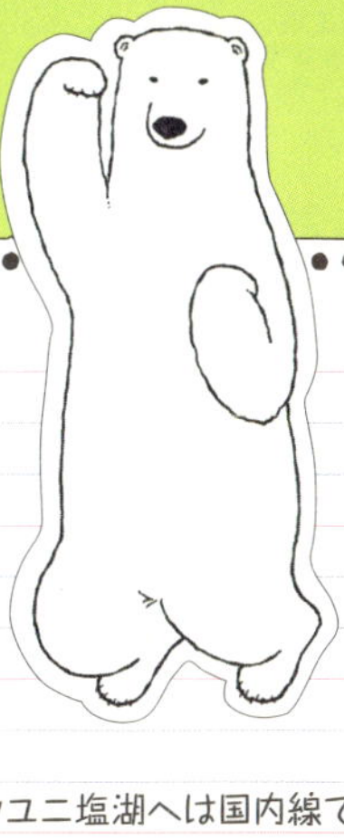

PROFILE

名前：田口 慧　年齢：21歳　職業：学生

ABOUT

国名・地域：ボリビア・ウユニ
1日のルート：ラパス→ウユニ塩湖
旅の種類：大学の仲間と旅

ACCESS

日本から米国2都市を乗り継ぎ、ボリビアのラパスへ。ラパスからウユニ塩湖へは国内線で約1時間。往路の合計飛行時間は約22時間。

my golden day :

075

マダガスカル・アンダバドアカ

バオバブの森・樹上で過ごす独り占めの時間

バオバブの樹の上から眺める美しい最後の楽園。

人里離れた湾にひっそりと佇むコテージにたった一人の宿泊客。
朝食はきれいな海を見ながらのんびりと。遠くの方を見ると海はまだ時化ている。
残念、ダイビングはあきらめるしかない。

自然以外何もないコテージの周りを、行くあてもなく歩いてみた。
時折聞こえる得体のしれない動物の鳴き声。
どのくらい歩いたか、突然目の前に広がるバオバブの樹の森。
足元を見れば、赤、緑、紫のじゅうたん。
見渡す限り、まさに360度。すごい。

しばし立ちつくし、一歩ずつバオバブに近づき、目にした不思議な光景。
「まさか、登れるの？」そう登れた。

無我夢中で這い上がり、バオバブの樹の上から見た圧倒的な景色は言葉にならないすばらしさ。観光客はおろか地元の人もいない。まさに独り占め。
一瞬、隣に愛する恋人がいたらな、なんて邪な気持ちがよぎるも、すぐに現実の世界に一人酔いしれる。

十分すぎるほど目の前の光景を目に焼きつけ、コテージまでの道のりを急いで戻る。
なんせ街灯なんてない場所ゆえ、日が暮れたら右も左も分からなくなってしまう。

夕暮れ間際の帰還。待っていたのは地元でとれた生ガキのディナー。
うまい、何個でも食べられる。
コテージ特製のお酒をごちそうになり、電気なんてない部屋でロウソクの灯りを頼りに日記をつける。

さあ、明日は何をしよう。

PROFILE

名前：染木 純一郎　年齢：30歳　職業：会社員

ABOUT

国名・地域：マダガスカル島・アンダバドアカ

1日のルート：コテージにて宿泊客たった一人の朝食→海が時化ているためコテージ回り散策→バオバブの森を発見→登れる樹の上から360度のバオバブの森を堪能

旅の種類：一人旅

ACCESS

日本からタイのバンコク、マダガスカルのアンタナナリボ、モロンダバを乗り継ぎ、モロンベへ。日本～バンコクは約6時間30分、バンコク～アンタナナリボは約8時間30分。アンタナナリボ～モロンダバは約1時間、モロンダバ～モロンベは約50分。モロンベからアンダバドアカまでは車で約2時間。

my golden day :

076

オーストラリア・フレーザー島

世界最大の砂島 〜フレーザー島〜

世界で最も大きな砂の島。地球で唯一、砂の上に熱帯雨林が生い茂るフレーザー島をビーチドライブ。

フレーザー島は世界で最も大きな砂の島であり、地球上で唯一砂の上に熱帯雨林が生い茂る環境から、世界遺産に登録されている。

４WDという特殊車両に乗り込み、フレーザー島へ。ツアー参加者は30名ほど、色々な国からの参加で、バス車内は英語以外の言葉がたくさん行き交う。

まずは75マイルビーチのドライブ、どこまでも続く砂浜の道。波打ち際を、豪快に水しぶきをあげながら走る。しばらく景観を楽しんだ後は、熱帯雨林に囲まれてピクニックランチ。
クッカバラ（ワライカワセミ）が、「サンドイッチをほしい」とアピールしている。

ランチの後は歴史を感じる沈没船マヒノ号、カラフルなピナクルズ、澄んでいるイーライクリーク、ビラビーン湖を見てまわる。ビラビーン湖の水の透明度と砂浜の白さには感激する。
たっぷり観光した後は75マイルビーチに戻り、ディンゴ（野犬）が砂浜で追いかけっこをしているのを見ながら、水平線へ沈む夕日を見つめる。

夕飯はオーストラリアスタイルのビュッフェを食べる。ミートパイという、パイ生地の中に牛ひき肉が入っているものが美味しい。お腹をいっぱいにしたあとは、ビーチウォーク。宿泊施設エリア以外には街灯が一切なく、5分ほど離れたビーチにもその光はほとんど届いていない。少しの間、暗闇で目を慣らし、空を見上げると満天の星空。はっきりと見える星座、雲のように見える天の川に言葉を失った。

フレーザー島で過ごし、見た景色、聞いた音、触れた砂や水の感触はこの先ずっと忘れられない。

感動でいっぱいの1日となった。

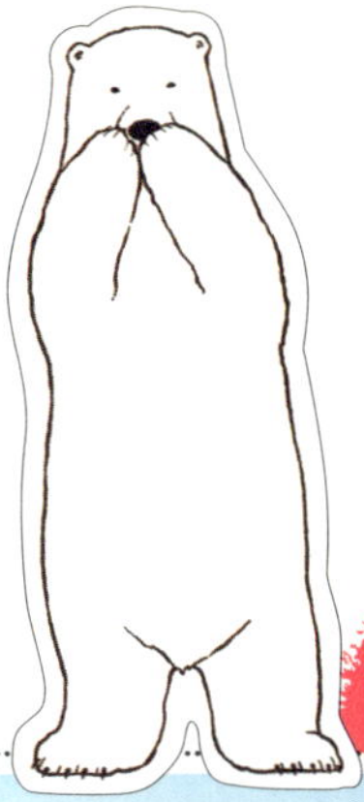

PROFILE

名前：塚越 香織　年齢：25歳　職業：フリーター

ABOUT

国名・地域：オーストラリア・フレーザー島

1日のルート：レインボービーチよりフェリーにてフレーザー島へ→75マイルビーチドライブ→ピクニックランチ→エーライクリーク、沈没船マヒノ号等の観光→オーストラリアスタイルビュッフェ→ビーチウォーク

旅の種類：一人でツアー参加

ACCESS

日本からオーストラリアのシドニーを乗り継ぎ、ブリズベンへ。日本〜シドニーは約9時間40分、シドニー〜ブリズベンは約1時間30分。ブリズベンからレインボービーチまで車で約3時間移動し、そこからフレーザー島までフェリーで約10分。

my golden day: **077**

中国・マカオ

マカオでボーナス一発賭け！～運命の大小～

当たれば248万円、外れればゼロ。マカオのカジノで一発賭けの大勝負。

悪友３人と企画した「マカオのカジノでボーナス一発賭け」。
掛け金はキリのいいところで50万円。ゲームは「深夜特急」でお馴染みの大小。
ルールは簡単で「大」か「小」かにお金を置くだけ。
ちなみに悪友３人も合わせた掛け金の合計金額は124万円。
当たれば248万円、外れればゼロ。

ディーラーがサイコロを振る。カラカラと音がして止まる。
フタの中では既にどちらか、つまり「大」か「小」の目が出ている。
賭ける時間は60秒。まわりの人が次々に賭けていく。そっとチップを「大」に置く。
続いて悪友たちも次々にチップを載せる。これで124万円全てのチップが「大」に置かれた。

そこで異変が。ディーラーが不審な表情。誰かを呼んでいるようだ。しばらくすると黒服のマネージャーがやって来た。ディーラーが「このチップは誰のだ？」と確認してくる。掛け金の上限の確認だ。「確かに４人合計では越えているが、ひとりひとりでは越えてない」と説明。再びマネージャーと相談している。

この時、「大」に賭けたまわりの何人かが自分のチップを下げだした。カウントがゼロになってから、既にかなりの時間が経過している。４人に迷いが生じる。
この間にサイコロの目が変えられている可能性はないか。
「この124万円を下げるべきか」
でも下げない。勝負にいく。ついにマネージャーが下から上に手を振って「フタを開けろ」の合図。ディーラーが鐘を鳴らす。まわりのギャラリーも注目。

いざ勝負！！
ディーラーがフタを開ける。
出たのは、
「大」
その瞬間、４人が雄叫びをあげる！ 124万円が248万円になった瞬間。
もみくちゃにされる。硬い握手を交わす。何度も何度もガッツポーズをした。
すぐ換金に行き、そこには見たことないような札束が！！

その後、４人が夜を徹して遊び狂ったのは言うまでもありません。
人生最高の1日でした。

PROFILE

名前：浅海 敬介　**年齢：**33歳　**職業：**会社員
Facebook：浅海 敬介（keisuke Asami）

ABOUT

国名・地域：中国・マカオ（中国特別行政区）
1日のルート：香港で両替→フェリーでマカオ入り→カジノでいざ勝負！
旅の種類：友人との旅行

ACCESS

日本からマカオまでは約4時間50分。

my golden day:

078

ドイツ・ミュンヘン

乾杯の歌 ～世界最大のビール祭り～

夜遅くまで、歌い、笑い、乾杯する。
世界最大のビール祭りで味わった夢のような時間。

大のビール好きで、ビール会社に勤めていた僕は、**とうとう会社を辞めて「世界中のビールを飲む旅」に出てしまった。**

そんな酔狂な旅をする僕が、どうしても訪れたかったのが、ドイツで開催される世界最大のビールの祭典**「オクトーバーフェスト」**だった。

ミュンヘン中央駅に着くと、ドイツの民族衣装で着飾った人々で構内は賑わっていた。
既にこの場所からお祭りは始まっているのだ。
メイン会場では、広大な公園に設置された巨大なテントと移動遊園地まであった。
まさに**「ビール好きのためのテーマパーク」**が出来上がっていた。

席に座りビールを頼むと、**日本では考えられないくらいの巨大なグラスに入ったビールが運ばれてきた。思わず顔がにやけてしまう。**

普段は比較的大人しいと言われているドイツ人も、今日ばかりは羽目を外している様だ。
「アインプロジット（乾杯の詩）」が流れると、皆一斉に立ち上がり、歌い、乾杯する。
僕も一緒に乾杯し、飲み対決をした。
夜遅くまで、人々の豪快な笑い声とグラスを交わす音が響いていた。

やはり、**ビール好きにとっては夢の様な場所だった。**
そして、酔い潰れて、多くの人達と一緒に駅で野宿したのも、今となってはいい思い出だ。

何度でも体験したい、最高の1日。

PROFILE
名前：村田 英治　年齢：27歳　職業：旅人
ブログ：「酔いどれ世界一周記」 http://staygoldag.exblog.jp/

ABOUT
国名・地域：ドイツ・ミュンヘン
1日のルート：ミュンヘン中央駅→昼過ぎに会場入り。ひたすらビールを飲む→駅にて就寝
旅の種類：世界一周

ACCESS
日本からドイツのミュンヘンまでは約12時間。

my golden day:
079

ラオス・ルアンパバーン

旅人から「先生」と呼ばれた日

「まさか旅先で「先生！」と呼ばれることになるとは思わなかった」
ラオスの子どもたちに日本語を教えた日。

世界一周の旅の終盤、ラオスの古都ルアンパバーンへ立ち寄った。
かつての首都であり、80以上の寺院が点在するラオス仏教の中心地。
世界遺産に指定されている街だが、拍子抜けするほどのんびりしている。

日本を旅立って半年…旅をすることが日常になり、ただぶらぶらして過ごす毎日に飽きて、何か刺激がほしかった。ラオス人は英語の他に第２外国語として日本語を勉強している人が多く、日本語学校がいくつかある。
そこでボランティアでラオスの子どもたちに日本語を教えることに。

本物の日本人を目の前に子どもたちは珍しそうに私を見つめている。
なんだか芸能人になったような気分だ。半屋外の小さな教室で、貧乏バックパッカーの私がラオスの子どもたちに日本語を教えている。
まさか旅先で「先生！」と呼ばれることになるとは思わなかった。
子供たちがキラキラした笑顔で、日本語を一生懸命勉強している姿を見たら、パワーを貰い、「頑張って伝えよう！」と緊張がほぐれた。

日本語を一緒に発音したり、ひらがなを書いたり、子どもたちと日本語でお喋りして、時にはラオス語を教わって…濃厚な時間だった。

今まで受け身の旅が多く、このように、自分が人に何かを与えることはなかったので、とても刺激になったし、自分がしたことで人が喜んでくれるということが嬉しかった。

授業が終わった後、「明日も来るでしょ？ えー、来ないの？ でもありがとう。もっと日本語の勉強頑張るね！」って言ってくれた時は、心がとてもあったかくなったのを覚えている。

言葉の壁を越えて、ラオスの子どもたちと交流した時間は、新たな自分に出会え、子どもたちから学ぶことが沢山あった。これが私の最高の1日。

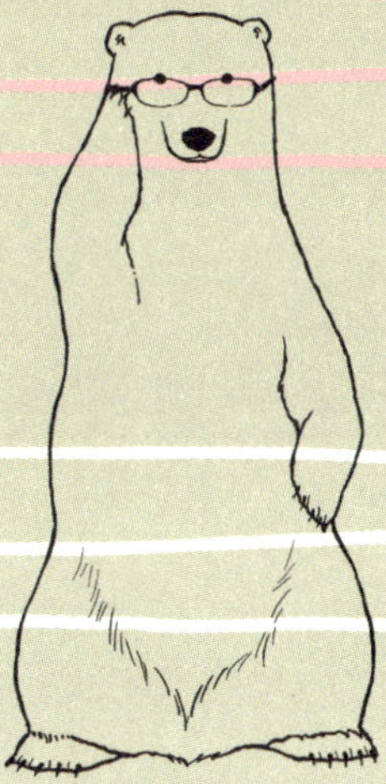

PROFILE

名前：太田 望　年齢：23歳　職業：会社員

ABOUT

国名・地域：ラオス・ルアンパバーン

1日のルート：ルアンパバーンの街を観光→屋台で昼食→昼寝→ラオスの日本語学校で先生になり授業→日本語学校で出会った人たちと、屋台でご飯&乾杯！

旅の種類：一人旅・世界一周

ACCESS

日本からタイのバンコクを乗り継ぎ、ラオスのルアンパバーンへ。日本～バンコクは約6時間30分、バンコク～ルアンパバーンは約2時間。

my golden day: 080

スリランカ・アクレッサ

Teaコミュニティ視察inスリランカ ～再会できるおまじない～

折り鶴は再会できるおまじない。お茶の聖地スリランカのティーコミュニティを視察訪問。

4ヵ月ぶりのソウルメイトとの再会。
その地は、彼のライフワークである「お茶」の聖地スリランカ！

とある一日、スリランカ南部アクレッサにある「Nandana Tea Factory」を拠点に、ソウルメイトと共にいくつかのTeaコミュニティを視察訪問。

私の役割はカメラマン、そして そこで働く女性とのコミニケ取り。
現地の言葉は全く分からないが、世界共通語の「笑顔」これさえあれば大丈夫！
湧き上がる使命感に胸が踊った。

朝食を早々に済ませテラスへ移動。
オーナーの奥様が淹れてくれた薫り高いミルクティーを味わう。
「ああ至福の時♡」

ミルクティーは甘過ぎるくらいがちょうどいい。
何かで読んだことがあるが、甘い物は心にも良いとか。
不思議と笑みがこぼれる。

ガイドさんとも合流し、いざ出発！
くねくねでガタガタの山道をゆっくり進むこと30分。
焦げつくような日差しの下、Teaガーデンへ到着。
出迎えてくれたのは、たくましいお茶摘みの姉さん達。
チョコレート色の艶のある肌、大地にしっかり根を下ろした大樹のような頑丈な足が印象的だった。

視察後のブレイクタイム。
枯れ葉を集めて火をおこし、鉄窯で湯を沸かす。
炒りたての茶葉をごちそうになる。

これはスリランカ流なのか？
片手にお茶、片手に砂糖の山。砂糖をあてに甘甘なお茶をすすっていた。
しかし姉さん達は、よく食べ、よく飲み、よく笑う！
見ているだけでお腹も胸も幸せいっぱいに(笑)

出会いの記念にと、千代紙で作った小さな折り鶴を姉さん達にプレゼントした。
去り際に 折り鶴の説明を求められ、とっさに思いついた言葉・・・
「再会できるおまじない」
いつかまた一緒に来るからね！ 祈るように心でつぶやいてみる私。

帰り道、ソウルメイトのカバンに こっそり折り鶴を忍ばせた。

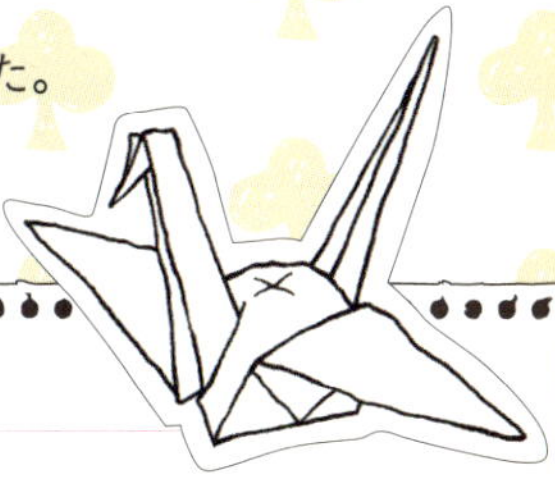

PROFILE

名前：Yuki Amano　**年齢**：35歳　**職業**：セラピスト
Facebook：https://www.facebook.com/yuki.amano3

ABOUT

国名・地域：スリランカ・アクレッサ
1日のルート：Tea Factoryオーナー宅で朝食→テラスで食後のミルクティー→ Teaコミュニティめぐり→茶摘み姉さんとの戯れ→Teaガーデンで Afternoon tea→帰宅
旅の種類：ぷらり一人旅 with ソウルメイト

ACCESS

日本からスリランカのコロンボまで約9時間20分。コロンボからアクレッサまでは車で約5時間。

my golden day:
081

フランス・モンサンミッシェル

さぁ、世界遺産に会いにいこう

シンデレラ城のモチーフとなった世界遺産のお城を見に行きたい！ 長年思い描いていた景色に感動。

「シンデレラ城のモチーフとなった、世界遺産のお城を見に行きたくない？」

最高の1日は、私の誘いから始まった。世界遺産好きな私にとって、モンサンミッシェルは長年訪れたいと思っていたところだ。最高の1日を共に過ごすお相手は、3つ年下の九州の女の子。世界一周をする船内で出会ったいわゆる船友であり、快く私の誘いをOKしてくれた。
さあ、船を離れて世界遺産「モンサンミッシェル」を訪れる旅の始まりだ。

出発地は滞在先のパリ。早朝出発し、電車やバスを乗り継ぎ、昼頃ようやく到着。

目的地に近付くにつれ、あの有名な、長年思い描いていたお城が姿を現してくる。

敷地内から少し離れたところから見える外観がきれいすぎて、感動のあまり鳥肌がとまらない。心が不思議ととてもすがすがしくなった。興奮のあまり写真をとりまくる。

何回も何回も取り直した、この(ハートでモンサンミッシェルを囲った)作品。
私にとって最高の1枚となった。

敷地内へ入ると、レストランや土産物産が建ち並ぶ参道「グランド・リユ」が多くの人でにぎわっていた。モンサンミッシェル名物と言えば「プーラールおばさん」のオムレツ。この参道の入口に位置する。食べること大好き女子二人。もちろんもちろん食べました。
「一番安いこれで!!」と注文したはずが、まさかまさかの一人80ドル。値段に衝撃。
しかしオムレツの味と触感にも衝撃。訪れた際はぜひ食べてもらいたい一品。
子連れの観光客も多く、帰りにはこんなに可愛い子に遭遇。

気のあう船友と船を離れ冒険したとある1日。
私にとって人生最高の1日となった。
私の世界遺産を巡る旅は、まだまだ終わらない。

PROFILE

名前:浅川 千草　年齢:24歳　職業:看護師

ABOUT

国名・地域:フランス・モンサンミッシェル
1日のルート:パリからTGVでレンヌ駅まで2時間→レンヌ駅からバスで1時間30分。名物オムレツを食べつつ、夕方までモンサンミッシェル敷地内でのんびり過ごす→夕方出発し、22時ごろ再びパリへ
旅の種類:船での世界一周。そのうちの1日。

ACCESS

日本からフランスのパリまで約12時間30分。パリからモンサンミッシェルまで、電車でレンヌまで行き、そこからバス移動。パリ〜レンヌは約2時間、レンヌ〜モンサンミッシェルは約1時間30分。

my golden day : 082

アメリカ・ニューヨーク

一瞬のための9時間

空から大量の紙吹雪。何十万人の声。世界の中心タイムズスクエアでカウントダウンを叫ぶ。

12月31日、タイムズスクエアへ向かう。
そこでは毎年、世界中から何十万人も集まり、カウントダウンが行われる。

その様子を中学生の時にニュースで見た時から、「絶対やりにいく」と決めていて、それがいまから始まるってことでワクワクしながら地下鉄に乗った。2時過ぎにタイムズスクエアへ着くと、まずはトイレ。ゲストハウスを出る前に行ったけど、念のためもう一回。

「カウントダウン参加人数が多すぎてしまうので、午後3時くらいには設置された鉄柵を閉め、人数制限を行う。そしてそれからカウントダウンの瞬間まで、鉄柵の中にいないといけない。もしトイレに行きたくなったら、鉄柵を出ることは出来るが、戻ることは出来ない」
ネットで書かれていたこの情報を元に最低限の食事と水を購入して、開いている鉄柵に向かった。その時、警察の人が鉄柵閉めようとしていて、そこに人がなだれ込んでいた。

ここまで来て、カウントダウン出来ませんでしたなんて、そんなアホみたいな話あるか！
満員電車慣れした日本人なめんなよと言わんばかりに、僕も押し入った。
直後に鉄柵閉まり、鉄柵の内側一列目というええ場所ゲット。
何時間も待ってると、周りにいる人と仲良くなっていった。話し相手が出来て、楽しくなった。

途中、ピザの配達人が大量にピザ持ってきて、「一つ20ドル！」って叫んどる。隣のおっちゃんが買ってくれ、周りのみんなにごちそうしてくれた。そして、23時55分になった時、ひとつの歌が流れた。歌が終わると同時にタイムズスクエアの画面にカウントダウン表示が。空から降ってくる紙吹雪、何十万人もの人の声。もうそこからは無我夢中で叫び、年が変わる瞬間に弾けた世界中のいろんなことがここに凝縮していた。
これほどまでに感動した1日はなかった。

＊僕の1日を読んで、カウントダウンしたいって思う方がいたら、すごく嬉しい。
だからここでは23時55分の歌については書けません。
なにも知らないで、そこへ行って体験した方が絶対に感動すると思うから。

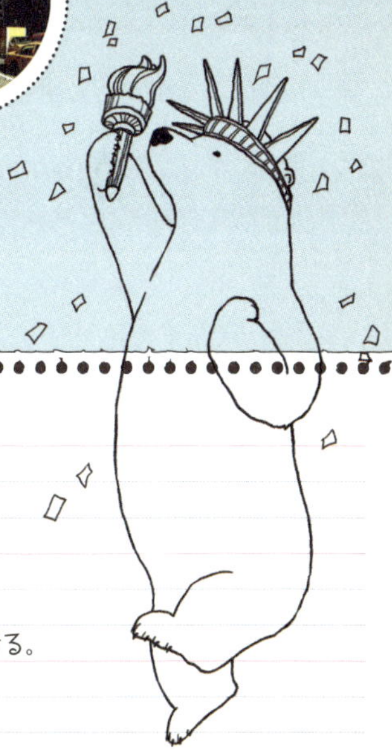

PROFILE

名前：奥迫 晃　年齢：23歳　職業：フリーター
ブログ：http://0935akira.tumblr.com/

ABOUT

国名・地域：アメリカ・ニューヨーク、タイムズスクエア
1日のルート：タイムズスクエアで待つ待つ待つからの弾ける。
旅の種類：一人旅

ACCESS

日本から米国のニューヨークまでは約12時間45分。

my golden day : 083

クロアチア・ドブロブニク

「最幸」の一日 ～ドブロブニクを大疾走！～

宝石のように輝くアドリア海。赤屋根の旧市街。憧れのドブロブニクをバイクで大疾走。

スロベニアから列車で入ったクロアチアは、私の世界一周の旅、10ヵ国目。首都のザグレブからその日のうちに、ドブロブニクまでバスで南下した。

バスを降り、ホテルを求めて坂道だらけの港町を歩き回る。18キロもあるバックパックを背負っているものだから、本当に苦しくて、やっと辿り着いたホテルが廃墟と化していた時には一瞬でこの町が嫌いになった。
それでも真冬のヨーロッパを旅してきた私にとって、青空の下キラキラ光るアドリア海はほんとうに宝石みたいで、気づけばこの街に惹き込まれていた。

バイクをレンタルして、赤屋根の旧市街を一望できるスルジ山を目指す。
映画『魔女の宅急便』のワンシーンが思い出され、テーマソングを聞きながら走ったあの道を私は一生忘れないし、その先で見た景色は本当に心に焼きついて、今でも思い出すと胸がきゅっとなる。

スルジ山を目指す道のりで、間違えてボスニアとの国境まで行ってしまったことや、牧場主のおじさんに声をかけられてロバ達と遊んだこと、間違ったガソリンを給油してバイクを修理に持って行かれたことも、すべて忘れられない大切な思い出。その先で出会うクロアチアの人々がみんな温かくて、それもこの1日を特別なものにしてくれた理由の一つだ。

その後はサンセットを見るために反対側の岬までバイクで疾走した。時間ピッタリでとらえたサンセットは、この旅一番の夕焼けだった。この太陽がどこかの国では朝日なのだと思うととても不思議な気持ちがして、アドリア海をいつまでも眺めていられそうな気がした。

夜はおしゃれな旧市街を散歩。みんなの美味しそうな魚介料理の香りをおかずに安いサンドイッチを食べたのも、貧乏旅ならではのいい思い出。

また必ず世界を巡る旅に出ようと思う私にとって、ドブロブニクはもう一度訪れたい大切な街だ。
12月10日。憧れのドブロブニクを大疾走した、「最幸」の1日。

PROFILE

名前：甲斐 瑠衣　**年齢**：21歳　**職業**：学生

ABOUT

国名・地域：クロアチア・ドブロブニク
1日のルート：ドブロブニク・新市街→（ボスニア国境）→スルジ山→岬→旧市街
旅の種類：世界一周

ACCESS

日本からイタリアのローマを乗り継ぎ、クロアチアのドブロブニクへ。日本～ローマは約12時間40分、ローマ～ドブロブニクは約1時間15分。

my golden day :

084

タイ・チェンマイ

それがソンクラーンだ!!

タイの旧正月を祝うお祭りソンクラーン。人種も国籍も関係なく、老若男女誰もが水を掛け合う爽快感。

タイの旧正月を祝うお祭りソンクラーン。
一年の一番熱い時期に行われるこのお祭りは、いつしか水掛け祭りとなったそうだ。
その本場といわれるチェンマイのソンクラーンに乗り込んだ。

その実態は完全なる無礼講祭りだった。見知らぬ者同士はもちろん、警察官やきれいなお姉さんに水をぶっ掛けても大丈夫。それで怒るならそいつが悪い。何度か空気の読めない水掛け男にキレそうになったが、**「それがソンクラーンだ!!」**と言われ納得。

この時期にタイ旅行を検討中の方には忠告したい。
旅行者も容赦なく死ぬほど濡らされることを。
安全な場所は宿の部屋の中だけだ。
開き直ったとき、この祭りの楽しさに気づく。人種も国籍も関係なく、老若男女誰もが水を掛け合う。道行く車にもバケツが積んであり、車上からも攻撃される。歩道からは走っているバイクやトゥクトゥクの運転手にも容赦なく水を浴びせる。自分の身は自分で守ることを思い知らされる。

気をつけたいのが、バケツに氷を入れて冷やしたキンキンの氷水攻撃だ。
真夏のその気温でも致命傷になりかねない。そんなときは、池のようなお堀から水を汲んでやりかえそう。はっきり言って、その水は得体が知れない。ちなみに一緒にいた旅人Nはそこに体ごと入り、放尿した疑惑がある。まあ、プールや海もそんなもんだろう。

地上戦に飽きたら、車に乗っている人に頼むと乗せてくれることもある。
車からのほうが有利かと思いきや、歩道側の人間の的になるので、あまり変わらなかった。

かなりワイルドなこのお祭りを僕は長細い水鉄砲一本で戦い抜いた。
アドレナリン最高の1日だった。
次回参加するときは、ポンプ型の性能のいいのを買おうと思う。
最後にこのお祭りは3日間続くが前々々日くらいから水を掛け始めるやつらもいる。
うん、1日で充分だ。

PROFILE

名前：青柳 克　**年齢：**26歳　**職業：**ホステル従業員たまに自称旅写真家
HP：http://fotologue.jp/masaru-aoyagi

ABOUT

国名・地域：タイ・チェンマイ
1日のルート：チェンマイ市街で水の掛け合い
旅の種類：一人旅

ACCESS

日本からタイのバンコクを乗り継ぎ、チェンマイへ。日本〜バンコクは約6時間30分、バンコク〜チェンマイは約1時間15分。

my golden day:
085

フィジー・ヤサワ諸島

遠く離れた小さな島
～少年と過ごしたあの日～

電気も水道もない珊瑚礁の島。聞こえてくるのは風と波の音。誰にも邪魔されない静かな時間。

フィジー本島からフェリーで約2時間。
ヤサワ諸島に浮かぶその小さな島にはお店など一軒もなく、あるのは目の前に広がる青く澄んだ海と空のみ。電気も水道もないこの島に来る観光客は非常に少数で、その日も私を含めた数名しかいなかった。

島民の朝は非常に早く、彼らが漁へと出かける船の音で私も自然と目が覚めた。
ちょうど太陽が遠い水平線から顔を出し始めていた。簡単な朝食をとった後はあえて何もせず、白い砂浜の木陰にある大きなアイランダーサイズのハンモックに包まれのんびりと過ごした。誰にも邪魔されない、聞こえてくるのは風と波の音。自然と頭の中がカラッポになっていく気がした。

いつの間にか眠ってしまった私を起こしたのは島民の幼い少年だった。
彼は私に物言いたそうな仕草で魚とりに使う網を手渡してきた。つたない英語で話を聞くと、どうやら魚とりを手伝って欲しいようだ。そこから約3時間、私と少年は珊瑚礁が広がる浅瀬でひたすら魚を追い続けた。途中、少年の母親らしき女性が様子を見に来て私に謝った。
しかし、少年との時間をとても楽しんでいた私はむしろ彼に感謝をしていた。

海に潜り、必死に魚を追いかけ自然と戯れているうちに、なんだか自分も島民になれた様な気分に陥るから不思議だ。気がつけば空が赤く染まり始め、朝とは逆側の水平線へと太陽が沈もうとしていた。

その日の夜はベッドに横になりながら最高の1日を思い返し、心満たされた後に自然と眠りへとついた。

PROFILE

名前：鈴木 拓海　**年齢：**24歳　**職業：**会社員

ABOUT

国名・地域：フィジー・ヤサワ諸島
1日のルート：朝食→ビーチのハンモックでのんびり→日が暮れるまで少年と魚とり
旅の種類：一人旅

ACCESS

日本から韓国のソウルを乗り継ぎ、フィジーのナンディへ。日本〜ソウルは約2時間30分、ソウル〜ナンディは約10時間、ナンディからヤサワ諸島まではフェリーで約2時間。

my golden day : **086**

エジプト・白砂漠

人生で最高の年越し!!

黒砂漠から白砂漠へ。
異国の地で人生最高のカウントダウン。

さまざまな国を渡り歩いていたこの時、自分は今年エジプトで、**人生最高の年越しを送ろう**と心に決めていた。12月末日からエジプト入りして、場所をさんざん悩んだ挙句、砂漠での年越しに決めた!

早朝から黒砂漠に向け、現地の砂漠の民のジープに乗って地平線まで何もない道路を走らせた。
まさにイメージしていたエジプトそのものだった!
途中小さな丘のようなところの登山をした。
風が強く足を取られやすかったが見晴らしは最高だった。

みんなで日本時間の年越しカウントダウンも行った!
黒砂漠から白砂漠へと向かう際、ジープの故障に見舞われたものの、砂漠の真ん中で、全員でジープの押しがけをしたりと、今思えば楽しいハプニングも起きた。

白砂漠の目的地(自分にはどこを目印に目的地に向けているのかもわからない一面同じ風景)まで走らせると、なにもない白砂漠の中で、ただジープだけを停めて風よけにし、マットと焚火のセットをして淡々と野宿場に変貌させていった。

白砂漠は文字通り白く見たこともないような綺麗な場所だったが、それより日没後の満天の星空と、砂漠の民にごちそうしてもらったおいしい料理がとても印象的だった。

夜も更け周りを見渡すと他にも焚火が見える。12時が近づくと他の野宿チームの元へおじゃまして、様々な国の人種が顔を揃えた。エジプト特有の『ヤッラ』というパーティーに参加させてもらい、全員で焚火を囲みながら音楽を聴きダンスをしながら、最高でありながらも、
都会の喧騒とはかけ離れたアナログで異質のカウントダウンをした！

朝日まで焚火にあたりながらチャイを飲み、まさかの日本文化の年越しそばも食べ、書き初めまでした！ **1文字にチョイスしたのは砂漠や旅で実感した『生』の文字。** 生きる喜びや大切さと難しさを実感したからである。そして『生』を超える経験は無いと実感もした。

早朝、白砂漠の中に上がってくる白い太陽はとても美しく、たくさんの仲間と間違いなく人生で1番の年越しを経験した。

PROFILE

名前：鈴木 明　年齢：24歳　職業：会社員

ABOUT

国名・地域：エジプト・黒砂漠、白砂漠
1日のルート：首都カイロから黒砂漠へ→軽い登山→車の故障→白砂漠へ→野宿準備→夕飯→多国籍ヤッラパーティー年越し→チャイ会→初日の出
旅の種類：一人旅（バックパッカー）

ACCESS

日本からエジプトのカイロまでは約14時間。カイロから黒砂漠・白砂漠観光の拠点の町バウーティまでは車で約5時間。

my golden day:

087

カナダ・リジャイナ

毎朝迎えに来てくれた私の親友

カナダでのバス通学。大切な友達に出会えた最高の朝。

2011年3月。
「Good morning!」から始まる毎朝。
私は毎朝同じ運転手が乗るバスで通学していた。
英語もろくに話せない私だが、基本となる挨拶・笑顔は常に心掛けていた。
だが、そんな心掛けとは裏腹に不安の気持ちも強かった。
初めは不安の気持ちから、こわばった表情が出ていたのかも知れない。
そんな中、彼は毎朝優しい笑顔で挨拶をしてくれ、私の不安な気持ちを徐々に吹き飛ばしてくれていた。そして、日に日に短時間ではあるが、会話も増えていた。

その頃、日本では東日本大震災が起きていた。そのニュースを見た彼は、私の家族、友達、日本のことを非常に気に掛けてくれていたのも印象深い。

初めは不安な気持ちもあった私だが、彼と毎朝顔を合わせて、挨拶や会話をしていくうちに、次第に不安よりも自信がついてきた。

そして、毎朝彼と顔を合わせるのも楽しみの一つになっていた。そんな不安を取り除いてくれた彼に、「感謝の気持ちを込めてお礼がしたい」と思い、カナダ生活最終日の前日、手紙を書いて渡すことにした。

バスを降りる時、彼に感謝の一言と、その手紙を渡した。すると、彼は大変驚いた顔をしたのである。「ん？」と思っていると、なんと、偶然にも彼も私に手紙を書いてくれていた。
帰国日のことは話をしていなかったので、内容はお別れの文章ではなく、「遅くなってしまったが、ようこそカナダへ。私はただのバスの運転手じゃないよ。君の友達。カナダでの生活で分からないことがあれば何でも聞いてね」という内容であった。

こんな最高な朝を迎えたことが今までにあっただろうか。
寂しい気持ちと、感動と、こんな素敵な運転手に出会えたことを誇りに思った。
私は、この手紙を読んだ時、「本当に最高の〈友達〉に出会えた」と感じた。

そんな彼とは今でも連絡をとり続けていて、私の自慢の友達の一人である。

PROFILE
名前：畠山 沙織　年齢：21歳　職業：大学生

ABOUT
国名・地域：カナダ・リジャイナ
1日のルート：ホームステイ先→バス→学校
旅の種類：1ヵ月短期留学

ACCESS
日本からカナダのバンクーバーを乗り継ぎ、リジャイナへ。日本～バンクーバーは約9時間、バンクーバー～リジャイナは約2時間。

my golden day: アメリカ・グランドキャニオン

088 夢が叶った瞬間 ～グランドキャニオンで20kmトレイル～

エメラルドグリーンのコロラド川。グランドキャニオンを照らす朝日。旅で描いていた夢が叶った瞬間。

コロラド川を肉眼ではっきり見る、グランドキャニオンを下ってみたい。
それが、20kmに及ぶトレッキングにチャレンジした理由。
ふとしたキッカケに後押しされて、気づいたら地球探検隊のグランドサークルをめぐるツアーに参加していた。
隊長と旅をする。これも、叶えたかったことのひとつ。

旅の最中、私がとったのは体力を考え、目的を果たし、皆に迷惑をかけないためには、**あえてマイペースを貫く、**それを旅の最初に決めていた。

普段は人を気にして合わせて行動するのだから、全くいつもと真逆。
朝が弱いから、早く寝る(笑)　ペースが乱れるから、人に合わせず自分のペースで歩く。
それでも、トレイルの後半、登っていく時に暑さとアップの厳しさに最後はバテバテになった。
下っていった時は景色に心底感動し、登りきった時には達成感で思わず涙しそうになった。

マイペースを貫いた結果、毎日元気！笑顔満開。

どこへ行っても、ジャンプと万歳の日々。
いい年した大人が、本気で楽しんだ。

本当に良い仲間に恵まれて自分全開でいられた。

あのグランドキャニオンを照らす朝日、晴天の中見上げた景色、
澄んだエメラルドグリーンをしたコロラド川。
お天気パーフェクト。言うことなしとはこのことだ。
旅で描いていた夢が叶った瞬間だった。

5年前に訪れた時に、下に降りれると知らなかったら、この旅に出逢うことはきっとなかった。

神様はやっぱり見ていてくれる。

また10年後には、今度は大切な人達と共にその喜びを分かち合いたい。
そんな新しい夢が生まれた。忘れられないからこそ、また行こうと思う。

PROFILE

名前：宮澤 ゆみ子　年齢：35歳　職業：楽読インストラクター
Facebook：https://www.facebook.com/yumiko.miyazawa

ABOUT

国名・地域：アメリカ・グランドキャニオン
1日のルート：早朝：グランドキャニオンの朝日を見る→朝〜夕方：グランドキャニオン、エンジェルズラントレイル（約10時間）
旅の種類：地球探検隊・グランドサークルツアー

ACCESS

日本から米国のロサンゼルスを乗り継ぎ、ラスベガスへ。日本〜ロサンゼルスは約10時間、ロサンゼルス〜ラスベガスは約1時間15分。ラスベガスからグランドキャニオンは車で約6時間。

SPECIAL篇

my golden day:

ブラジル・サルヴァドール

DANCE EARTHな1日

「地球の未来の姿がここにはある」
街そのものが巨大なディスコ空間。
一晩中踊り明かしたブラジルのカーニバル。

USA / EXILE

BRAZIL

成田空港から約40時間、丸2日かかって、ブラジル・バイーヤ州の首都、サルヴァドールに、ようやくたどり着いた。

楽しそう。ここで踊りたい。
ただ、それだけで、地球の裏側までやってきた。

＊

地球は僕らのダンスフロアだ！世界中で踊りたい！
「DANCE EARTH」をテーマに、僕は世界を旅している。

年に一度、ブラジルの各地で開かれるカーニバル。
ダンスを愛するものにとっての憧れの場所。
世界最大とも言われる、このカーニバルで踊るのはずっと夢だった。

一般的に有名なのは、ショー形式のリオのカーニバル。
だけど、観ているだけじゃ、性にあわない。
「サルヴァドール」に、観客席はない。
一般庶民全員参加型だと知って、初めてのカーニバルに、この地を選んだ。

＊

空港からホテルにチェックインして、シャワーを浴びると、
タクシーに飛び乗って、すぐさま、カーニバルへと向かった。
街中が色とりどりに埋め尽くされ、太陽からの日差しが、その色をますます際立たせている。

メインストリートにたどり着くと、いきなりの衝撃。
荷台をステージに改造した大型トラックが、巨大なスピーカーとバンドとダンサーを乗せ、ドンドコドンドコ、爆音の生ライブを繰り広げながら、時速10キロでゆっくりと進む。その後を数百人のチームメンバーが、揃いのTシャツを着てダンス行進。それが何十台と連なっている。
路上からお店まで、それぞれが自由に音楽を鳴らし、レストランはクラブ状態。もう、街中が巨大なディスコ空間。サンバをベースに、流行の音楽、レゲエ、テクノ、様々なリズムが混じり合う。

道は見渡す限り、何万人という人、人、人で埋め尽くされている。
どこに行っても音楽が鳴り響き、どこで踊っても構わない。
早速、パレードの中に混ざって、ダンス、ダンス、また、ダンス。
人と出逢い、肩を組み、酒を飲み、ステップを踏みながら・・・熱くうねる人の大波を練り歩き続けた。
昼間から夜中まで、子どもから老人まで、老若男女、目が合う全ての人と微笑みを交わし、握手にハグ・・・夜が更けても、カーニバルが終わる気配など全くなかった。

様々な民族や人種の血が混合するブラジル人。
底抜けに陽気で、フレンドリーで、「カーニバルのために1年を過ごす」と言われるほど、とにかくダンスが大好きなブラジル人。
彼らが、ダンスという表現を通して、ひとつにつながっている。
人種や年齢を超えて混じり合う、その空間がとても心地よかった。
「地球の未来の姿がここにはある」ふと、そう感じた。

「一日中、ただただ踊る楽しさの中にとけ込んだ」ダンス天国・ブラジルでの最高の1日。

踊ることは、生きること。生きることは、旅すること。

その想いをあらためて胸に刻み、また、僕は旅を続ける。

*ABOUT

国名・地域：ブラジル・サルヴァドール
1日のルート：カーニバルに参加し、ひたすらダンス・ダンス・ダンス。
旅の種類：DANCE EARTH TRIP

*ACCESS

日本から米国のニューヨーク、ブラジルのサンパウロを乗り継ぎ、サルヴァドールへ。日本～ニューヨークは約12時間45分、ニューヨーク～サンパウロは約10時間、サンパウロ～サルヴァドールは約2時間15分。

*PROFILE

宇佐美 吉啓 (USA/EXILE)

EXILE Performer。1994年、ダンスチーム「BABY NAIL」結成。1999年、ダンス&ヴォーカルグループ初代「J Soul Brothers」にて活動開始。2001年、「J Soul Brothers」から「EXILE」と改名。同年、「Your eyes only ～曖昧な僕の輪郭～」でデビュー、現在に至る。2010年、EXILE LIVE TOUR 2010 "FANTASY" で、日本史上初となる110万人を動員。また、Performer以外に、役者としても活躍。2010年、劇団EXILEにて「DANCE EARTH ～願い～」を開催。「ダンスは世界共通言語」をテーマに、ライフワークである『DANCE EARTH』の活動を行い、日々、ダンスのルーツを追求しながら、世界中でダンスの旅を続けている。旅の記録をまとめた旅本&DVD『DANCE EARTH』『DANCE EARTH ～ BEAT TRIP ～』を出版。

HP：「Dance Earth」 http://www.dance-earth.com/
Facebook：http://www.facebook.com/EXILE.USA

SPECIAL アメリカ・セリグマン

DON'T STOPの1日

伝説のルート66。
鳴り響くハーレーのエンジン音とともに、
みんなの心がひとつにつながった瞬間。

小橋 賢児

USA

「アメリカのルート66をハーレーで走りたい」

26歳の時に交通事故に遭い、下半身と左腕が動かなくなり車イスの生活を送る46歳の男、通称CAP。彼が長年抱いていた、この夢を叶えるために集まった自由人・高橋歩とその仲間たち。CAPの70代の母親と20代の娘まで、こんなキッカケがなければ全く接点を持つことのなかったであろう男女11人の旅。
アメリカ大陸4200キロを10日間で駆け抜けるこの大冒険に参加した。
その記録を映画にするために。

役者を休業中の頃、旅先で高橋歩君との飲み会の席上。
『今度さ、車イスに乗るオヤジとルート66を旅するんだけど…』って話を聞いたときに、僕の脳みそがスパークした。思わず衝動的に、『その映画を撮らせて下さい！』と言ったのが全ての始まりだった。

＊

旅の始まりはエルパソ。そこからアルバカーキへ。キャンピングカーを2台レンタルして、アリゾナの秘境セドナ、そして、モニュメントバレーへ。
年齢も職業も立場もバラバラな11人の旅。
壮大な景色の中でぶつかり合って、笑って、泣いて、また笑った。
奇跡の連続だった10日間。
その中でも、心が震えた最高の1日は、旅の終盤に訪れた。

＊

その日は真っ昼間に、モニュメントバレーから、グランドキャニオンに到着。
突然、スリランカのお坊さんがCAPに話しかけてきた。
「あなたは確かに今回の人生、大変だと思います。しかし、その不運や失敗があったからこそ、今、出来ることがあるはずです。意味のない苦しみなど、この世にはありません」
後で調べてみると、彼はスリランカのダライラマみたいな超高貴な方だった。
沢山の観光客に溢れる中で、CAPのところだけにやってきてくれた。
グランドキャニオンで起こった素敵なサプライズに立ち会った。

夕方、ルート66の伝説の地、映画「カーズ」の舞台とも言われるセリグマンへ。
そこで、路上で一服しているハーレー軍団と偶然出逢った。
彼らは、ヨーロッパから来たバイク乗りのチーム。僕らはルート66を通って、西のサンタモニカへと向かい、彼らはここから東に向かっていく。入れ違いのような象徴的な街で、ついに、CAPの夢を叶えるチャンスがやってきた。

自然な流れで、CAPは彼らのハーレーに乗ることになった。

CAPをハーレーに乗せ、エンジン音が鳴り響いたその瞬間、CAPがいきなり大粒の涙を流しながら、感極まって泣き出した。それを見ていた大人たちも、路上で全員号泣。
あの瞬間、国籍がどこか、英語が話せるかどうか、体が大きいか小さいか、金を持っているかどうか、障害があるかないか･･･そんなものを全て取っ払ってしまう、人間としての本当のピュアな部分が一瞬で一致していた。
僕自身、撮影しながら、号泣していた。

その夜、今までなかなか、お母さんに「ありがとう」を言えなかったCAPが、「ありがとう、かあちゃん。生きていることが、おいらの親孝行だ」と伝えていたことを後で知った。

*

僕は8歳から芸能界にいて、20歳くらいの頃から、心がNOと言っているのにやり続けたり、環境を言い訳にして、やりたいことを押さえつけていた時期があった。26歳の旅で、ネパールに行って価値観が変わり、27歳で役者を休業して、旅に出た。
旅に出てからの自分というのは、若い頃に閉じていた部分があった分、星を見たり、夕日を見たりするときの感動が、人一倍あった気がする。
なぜ、こんなことに気づかなかったんだろう？
何で、こんな些細なことで悩んでいたんだろう？
どうして、こんなに地球には美しいところがあるのに、自分は見てこなかったんだろう？
吸収力が半端ではなかった。何も知らなくて、予定をしていなかったからこそ、出逢う奇跡とか、開く感覚があることを初めて知った。

予定通りじゃないからこそ、驚きも感動も倍増する。
旅とは、まさに人生の縮図のようなものだ。

*ABOUT

国名・地域：アメリカ・セリグマン
1日のルート：グランドキャニオン→セリグマン
旅の種類：ドキュメンタリー映画撮影

*ACCESS

日本から米国のロサンゼルスを乗り継ぎ、ラスベガスへ。日本～ロサンゼルスは約10時間、ロサンゼルス～ラスベガスは約1時間15分。
ラスベガスからモニュメントバレーまでは車で約10時間。

*PROFILE

小橋 賢児

映画監督、俳優。1979年生まれ。8歳で子役としてデビュー。ドラマ『人間・失格』『ちゅらさん』『若葉のころ』、映画『スワロウテイル』『あずみ』など数々の作品で活躍。2007年、芸能活動を突如休止してアメリカへ留学。2010年、ドキュメンタリー映画『DON'T STOP!』の製作に取りかかり、帰国後半年の編集作業を経て完成。2011年、SKIPシティ国際Dシネマ映画祭2011にてSKIPシティアワードを受賞。

HP：映画「DON'T STOP」公式サイト　http://dontstop.jp/
HP：「BIG BOYs」　http://www.bigboys.jp/
HP：「KENJI KOHASHI OFFICIAL WEB SITE」　http://www.kenji-kohashi.com/

SPECIAL
日本・全国
アカリトライブ

音楽を志すものとして、自分ができること。個人として、「今、僕ができること」。

GAKU-MC

JAPAN

2011.3.11.　あの日から僕らの世界は確実に変わった。

それまでの日々、それ以降の日々。音楽を志すものとして、自分ができること。
振り返ってみるとあの日からずっとそれを探してきた気がします。
個人として『今、僕ができること』それは一体何だろう?！ 忘れることなく、目をそらすことなく、引き続きその回答を自分らしく探して行こう。
もしも音楽で少しでも貢献出来ることがあるとするならば、やろう。やるべき。
そう思った。巨額な寄付を送ることは僕には出来ないけれど、例えばライブに参加してくれる人からメッセージをもらい、それを集めて東北へ届けるのはどうだろう、そんな発想からこの旅を思いついた。

キャンドルを灯し、歌い、そしてそのフォルダーにメッセージを書いてもらい、届ける。忘れない為に、風化させない為に、自分らしく出来ることを続ける。
キャンドルフォルダーに書いてもらったメッセージは『がんばれに変わる言葉』。
小さい子供から、ひ孫さんがいるようなおじいちゃんおばあちゃんまで。
北海道から九州、日本各地から足を使って集めた。

キャンピングカーに乗り込んでの”アカリトライブ”キャラバン。
会場がある街に向って地図を見ながら車を走らせる。
パートナーは僕らの頼れる楽屋兼厨房兼機材庫兼厠兼風呂ならびに寝室として活躍したキャンピングカー ”Play the Earth 号”。
男四人、約三週間の怒濤の旅。
交代で運転、疲れたらスペースを見つけて眠った。

夜は他愛のない話しをしながら飲み明かした。ライブ会場の前で目覚めるとドアミラーに差し入れの野菜が届けられていることもしばしば。それを料理して、やりきった。20年音楽を生業としてきたけれど、間違いなく最高のツアー。忘れられない一番の旅となった。

出逢った人達へ。ありがとう。メッセージ届けてきました。
この旅は日本一周で終わったけれど、この活動は形を変えながら、続けて行きます。
またどこかでアイマショウ。

*ABOUT

国名・地域：日本全国
1日のルート：朝起きてある街から次のある街まで
旅の種類：キャンピングカーによる音楽旅行

*PROFILE

GAKU-MC（ガクエムシー）

アコースティックギターを弾きながらラップする日本ヒップホップ界のリビングレジェンド。2011年にレーベル、Rap＋Entertainmentを立ち上げ独立。“ラップで世界をプラスの方向に！”を合い言葉に精力的に活動中。2012年、キャンドルと音楽で心を繋ぐ音楽イベント“アカリトライブ”を立ち上げ、音楽による日本復興活動を続けている。最新アルバム「キュウキョク^{2}」、エッセイ「世界が今夜終わるなら」

HP：「GAKU-MC」　http://www.gaku-mc.net

モロッコ・サハラ砂漠

ふたりきりのサハラ砂漠

本当に大切なものだけを、ポケットに入れて、
今日も、旅に出よう。

高橋 歩

MOROCCO

「旅先での最高の一日」ってことなら、そりゃ、無数にあるけど･･･
人生で最高の、と言うならば、
やっぱり、オレは、妻のさやかとの旅が頭に浮かぶな。

その中でも、28歳の頃。
すべての肩書きを捨てて、結婚式の３日後に、ふたりで出掛けた世界一周の途中、
流れ流れてたどり着いた、サハラ砂漠。

砂漠の中の小さな小屋にバックパックを置き、数時間、ふらふらと散歩しながら。
気付くと、視界から、砂と空以外、すべてのものが消えていた。
見渡す限り、生き物は、オレと、さやかだけだった。

もし、今、この瞬間、全人類が滅亡して、
俺たち、ふたりだけが生き残ったとしても･･･
ぶっちゃけ、俺は、さやかさえいれば、きっと、幸せにやっていけるな。

砂漠の熱風に吹かれながら、
胸の中に、そんな気持ちが溢れてきたのを、今でも覚えてる。

そして、その想いは、あれから12年経った今でも、
変わらず、ここにある。

人生っていうやつを、複雑に考えちゃうときもあるけど･･･
きっと、人生に必要なものは、そんなに多くない。

本当に大切なものだけを、ポケットに入れて、
今日も、旅に出よう。

旅を続けよう。

*ABOUT

国名・地域： モロッコ・サハラ砂漠
1日のルート： 砂漠をふたりで歩く
旅の種類： 地球でデート！

*ACCESS

日本からフランスのパリを乗り継ぎ、モロッコのカサブランカへ。日本〜パリは約14時間30分、パリ〜カサブランカは約3時間。カサブランカ〜メルズーガは陸路で半日移動。

＊

モロッコ・メルズーガでジープを借りるorジープタクシーを利用して、砂漠の中にある宿泊可能な小屋（ゲストハウス）へ。

*PROFILE

高橋 歩

1972年東京生まれ。自由人。20歳のとき、映画「カクテル」に憧れ、大学を中退し、仲間とアメリカンバー「ROCKWELL'S」を開店。23歳のとき、自伝を出すために仲間と「サンクチュアリ出版」を設立。自伝の『毎日が冒険』がベストセラーに。26歳で結婚。結婚式の3日後、すべての肩書きをリセットし、妻とふたりで世界一周の旅に出かける。帰国後、沖縄へ移住し、自給自足のアートビレッジ「BEACH ROCK VILLAGE」を主宰。現在は、家族4人で無期限の世界一周旅行をしながら、世界中の気に入った場所で、仲間と一緒に、出版社、レストランバー、ゲストハウス、学校などを経営している。

HP：「高橋歩 official web site」　www.ayumu.ch

写真ギャラリー

PHOTO GALLERY

MY GOLDEN DAY:
「地球の裏側でふれた人のあたたかさ ～ペルー再訪を誓った日～」
国名・地域:ペルー・リマ　**旅の種類:**一人旅(卒業旅行)
名前:稲田 彩美　**年齢:**25歳　**職業:**会社員

どんな旅にも、旅人自身が気づいていない真の目的が隠されている。

マルティン・ブーバー

MY GOLDEN DAY:「砂漠の民に会いに行く」
国名・地域:ヨルダン・ワディ・ラム　**旅の種類:**一人旅(世界一周)
名前:喜夛 勝也　**年齢:**31歳　**職業:**会社員
ブログ:http://ameblo.jp/masaya-journey

MY GOLDEN DAY:「ワーキングホリデイ in AUS」
国名・地域:オーストラリア　**旅の種類:**ワーキングホリデイ
名前:赤澤 恭平　**年齢:**27歳　**職業:**会社員

どこに行こうとしているのかをわかっていなければ、
どの道を通ったとしても、どこにも行けない。

ヘンリー・キッシンジャー

MY GOLDEN DAY:「最高の笑顔」
国名・地域:カンボジア・シェムリアップ　**旅の種類:**一人旅
名前:北嶋 達也　**年齢:**22歳　**職業:**フリーター

MY GOLDEN DAY:「New Zealand最北端まで 最高の仲間と年末Trip!!」
国名・地域:ニュージーランド・ノースアイランド　**旅の種類:**一人旅（世界一周）
名前:黒部 愛美　**年齢:**25歳　**職業:**児童クラブ指導員

長生きする者は多くのことを知る。
旅をする者はそれ以上のことを知る。

アラブのことざわ

MY GOLDEN DAY:「ムラムーラな一日」
国名・地域:マダガスカル・ムルンダヴァ　**旅の種類:**一人旅
名前:鵜飼 尚美　**年齢:**26歳　**職業:**幼稚園教諭

MY GOLDEN DAY:「夢見た場所」
国名・地域:スペイン・グラナダ　**旅の種類:**彼女との旅行
名前:佐々木 功介　**年齢:**28歳　**職業:**会社員

旅人よ、道はない。
歩くことで、道は出来ていく。

アントニオ・マチャード

MY GOLDEN DAY:「上から下からカッパドキア制覇っ！！」
国名・地域:トルコ・ギョレメ　**旅の種類:**一人旅（世界一周）
名前:田中 悠　**年齢:**22歳　**職業:**大学生（休学中）
ブログ:http://yuhtanaka.blog.fc2.com/

MY GOLDEN DAY:「ひとりじゃないひとり旅 ～インド、アグラでのひととき～」
国名・地域:インド・アグラ　**旅の種類:**一人旅
名前:斎藤 紗也茄　**年齢:**19歳　**職業:**公務員
Twitter:@amelie1214

幸せとは旅そのものであり、目的地のことではない。

アルフレッド・D・スーザ

MY GOLDEN DAY:「地球探検隊·内モンゴルの旅 ～これが世界一の朝日～」
国名·地域:中国·内モンゴル　**旅の種類:**地球探検隊·大人の修学旅行
名前:堀内 健史　**年齢:**31歳　**職業:**自営業
HP:「僕らの家」http://www.bokuranoie.com/

MY GOLDEN DAY:「タイという国の暮らし」
国名·地域:タイ·バンコク　**旅の種類:**友人との旅行
名前:森下 彰子　**年齢:**21歳　**職業:**大学生
ブログ:http://ameblo.jp/showkomori/

本当の旅の発見とは、新しい風景を見ることではなく、
新しい視点を持つことにある。

マルセル・プルースト

MY GOLDEN DAY:「カザンラクのバラに囲まれて 〜ちびっことの思い出〜」
国名･地域:ブルガリア･カザンラク　**旅の種類:**友人との旅
名前:江本 真依子　**年齢:**27歳　**職業:**会社員

MY GOLDEN DAY:「ペンギンと過ごす夢の1日」
国名･地域:南アフリカ･ケープタウン　**旅の種類:**卒業旅行
名前:平井 もり恵　**年齢:**23歳　**職業:**会社員

世界が一冊の本であるならば、旅に出ない者とは、
いつも同じページばかりを読んでいることになる。

アウレリウス・アウグスティヌス

ヒトはどうして旅を続けるのだろう?

もっと美味しいものを味わうため?
まだまだ知らない世界に出逢うため?
さらに最高の時間を過ごすため?

旅から戻って感じるいつもの世界は、
旅先と同じように、小さな優しさやちょっとした喜びに溢れている。

当たり前の日常をあらためて見つめてみれば、
さりげない毎日の人生も旅と同じようなものだと気づくはず。

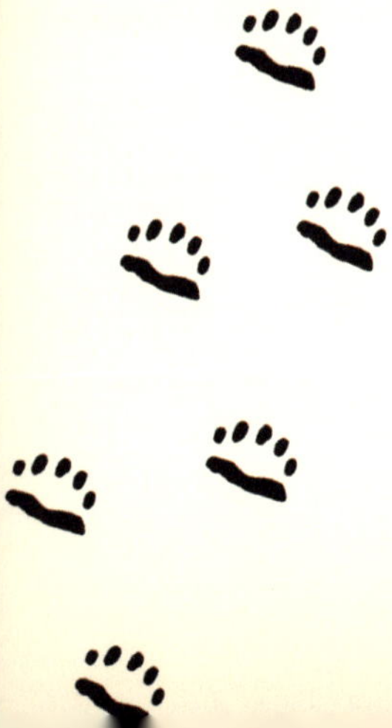

旅に出ると、生きる意味がますます深くクリアになってくる。
旅に出ると、自分の幸せのカタチがハッキリと見えてくる。

さあ、旅を続けよう。

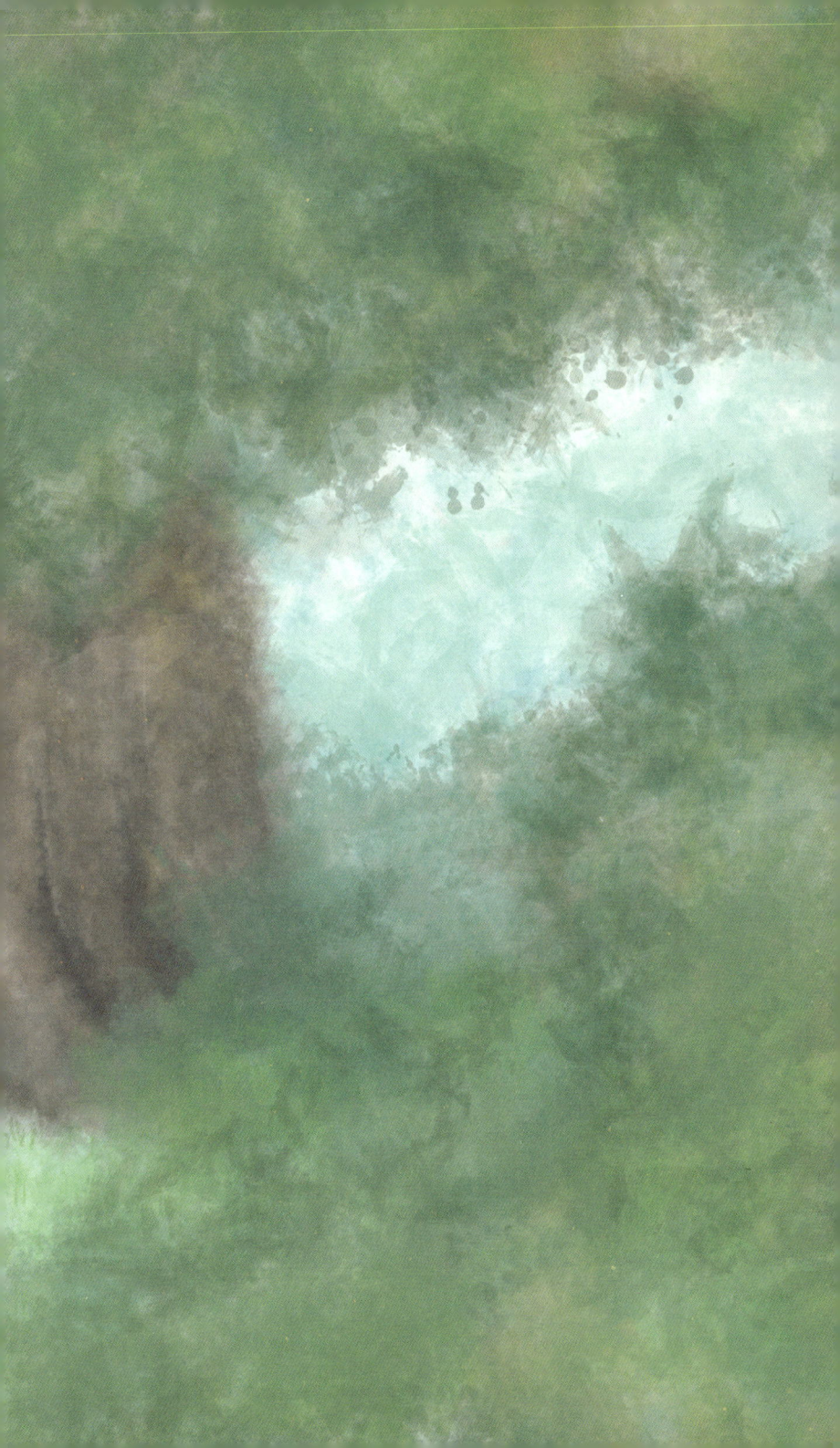

1. スウェーデン・ストックホルム
2. ボリビア・ウユニ塩湖
3. タンザニア・キリマンジャロ
4. ベトナム・ホイアン
5. カンボジア・シェムリアップ
6. チリ・イースター島
7. インド・ブッダガヤ
8. ミャンマー・バガン
9. ペルー・マチュピチュ
10. イタリア・ベニス
11. トルコ・ボアズカレ
12. イタリア・ナポリ
13. ミクロネシア・ジープ島
14. スイス・グリンデルワルド
15. 中国・雲南省
16. ロシア・シベリア
17. カナダ・プリンスエドワード島
18. モロッコ・サハラ砂漠
19. オーストラリア・バイロンベイ
20. ドイツ・ベルリン
21. アイルランド・アラン諸島
22. オーストラリア・シドニー
23. フィンランド・サーリセルカ
24. 沖縄・竹富島
25. パキスタン・ススト
26. エジプト・カイロ
27. スペイン・ブニョール
28. フランス・パリ
29. スペイン・ガリシア
30. オーストラリア・メルボルン
31. パラオ・ロックアイランド群
32. アメリカ・ハバスキャニオン
33. チェコ・プラハ
34. チュニジア・チュニス
35. 中国・北京
36. アメリカ・シアトル
37. トルコ・カッパドキア
38. インド・ハリドワール

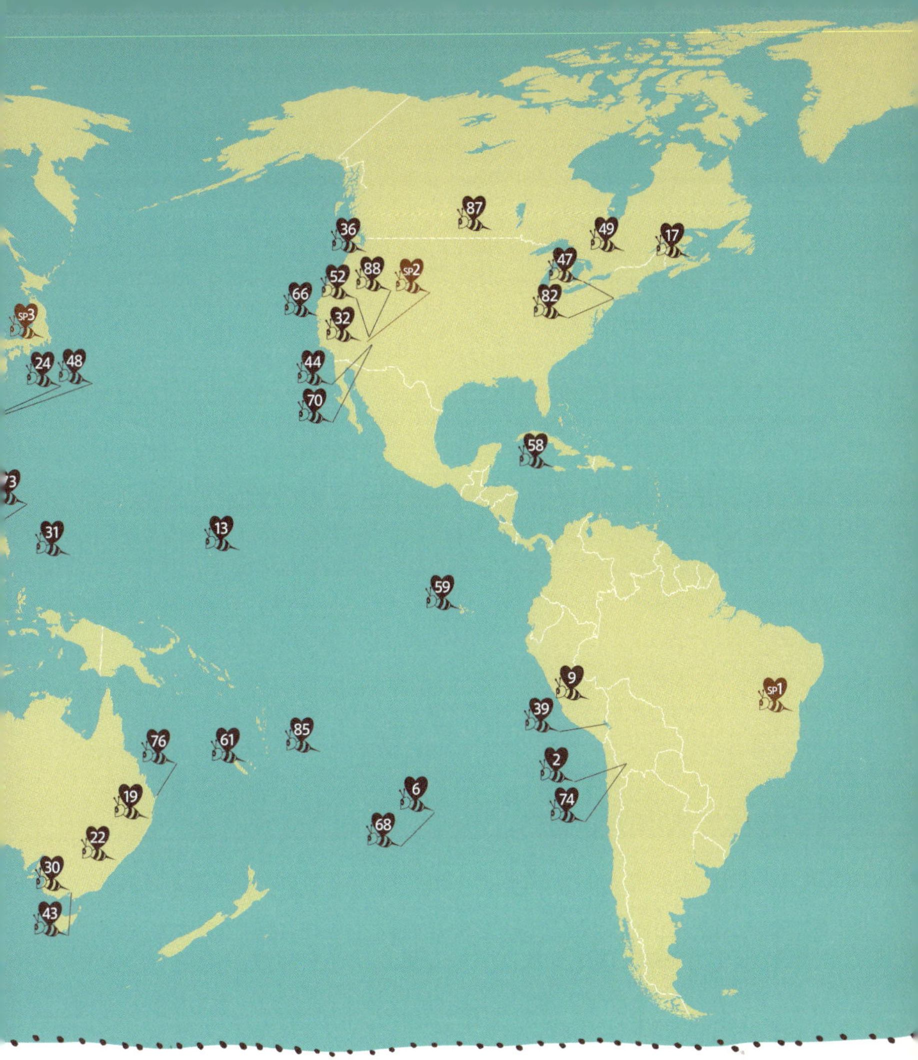

39. ペルー・チチカカ湖
40. タイ・アユタヤ
41. シンガポール・シンガポール中心部
42. 中国・チベット自治区
43. オーストラリア・ブライトン
44. アメリカ・セドナ
45. デンマーク・コペンハーゲン
46. ケニア
47. アメリカ・ニューヨーク
48. 沖縄・波照間島
49. カナダ・オンタリオ州
50. ネバール・ポカラ
51. トルコ・ギョレメ国立公園周辺
52. アメリカ・グランドキャニオン
53. ギリシャ・サントリーニ島
54. モロッコ・シャウエン
55. サンマリノ共和国
56. ミャンマー・バガン
57. クロアチア・コールチュラ島
58. ジャマイカ・モンテゴベイ
59. エクアドル・ガラパゴス諸島
60. インド・バラナシ
61. ニューカレドニア・ウベア島
62. マリ・ドゴン
63. 中国・東チベット
64. カンボジア・シェムリアップ
65. フランス・リオン
66. アメリカ・サンフランシスコ
67. モロッコ・サハラ砂漠
68. チリ・イースター島
69. モンゴル
70. アメリカ・セドナ
71. スイス・グリンデルワルド
72. マルタ共和国
73. フィリピン・セブ島
74. ボリビア・ウユニ
75. マダガスカル・アンダバドアカ
76. オーストラリア・フレーザー島
77. 中国・マカオ
78. ドイツ・ミュンヘン
79. ラオス・ルアンパバーン
80. スリランカ・アクレッサ
81. フランス・モンサンミッシェル
82. アメリカ・ニューヨーク
83. クロアチア・ドブロブニク
84. タイ・チェンマイ
85. フィジー・ヤサワ諸島
86. エジプト・白砂漠
87. カナダ・リジャイナ
88. アメリカ・グランドキャニオン
SPECIAL1. ブラジル・サルヴァドール
SPECIAL2. アメリカ・セリグマン
SPECIAL3. 日本・全国
SPECIAL4. モロッコ・サハラ砂漠

編集後記

なぜ、あなたは旅に出るのでしょうか？

何かを探し求めるために。
何かを感じるために。
何かを思い出すために。

旅に出ると、当たり前にやり過ごしてきたことが、輝いて見えてくる。
旅に出ると、日常がリセットされて、リアルな自分や相手の姿が現れてくる。
旅に出ると、ほんの些細な優しさや、小さな小さな喜びが大切に思えてくる。

＊

本書は、旅を愛するものによる、旅を愛するもののための、旅を愛する気持ちがタップリつまった旅ガイドです。「誰にでも絶対に忘れられない旅がある！ 忘れられない最高の1日がある！」をテーマに、日本全国の旅人たちから募集した「幸せな旅の記憶」を紹介しています。

同時に、本書は、88人の旅人の「旅する楽しさ、旅する素晴らしさ、旅する意味、旅する喜び」に満ち溢れた旅の記録集でもあります。結果、百人百様、旅を通してこそ見えてくる「幸せのカタチ」のカタログになりました。本書を読んで、旅のワクワク感をタップリと吸っていただき、幸せな気持ちに包まれていただけたら、幸いです。

さて、本書の旅のナビゲーターである、北極グマの「ジャーニー」君。北極グマは、数千キロの長い距離を移動する自然界の旅人チャンピオンです。冬には南下し、夏には北上するという、大規模な人生の旅をしながら、母グマは、子グマに、狩りや泳ぎ方、生きる術を教えていきます。長い長い旅を続ける中で、子グマは大人へと成長していくのです。
「旅をすることで、人もまた生きる術を学び、様々な出逢いを通して、豊かに成長していく」というメッセージが「ジャーニー」君には、込められています。
彼もまた、本の中で、世界のあらゆる地域に出没しながら、旅を続けています。

日本中の沢山の旅人たちとの協力によって生まれた「最強旅ガイドシリーズ」の特別編。今回、ご紹介した旅人の物語以外にも、多数の心のこもったストーリーと写真が編集部に寄せられました。
編集部一同、あらためて心から感謝いたします。

とにかく、このガイドブックを通して、旅の楽しさ、嬉しさ、素晴らしさを感じてもらえたら・・・
そして、あなたの旅するスイッチがますます入ったとしたならば・・・
最高です。

さあ、旅に出て、幸せを見つけよう。
では、また世界のどこかで逢いましょう。

Have a wonderful journey through your life!

2012年10月1日　株式会社A-Works編集部

＊本書のアクセス情報等は、制作時(2012年)のデータをもとに作られています。掲載した情報は現地の状況などに伴い変化することもありますので、その点、ご注意ください。

＊思わず、旅人集団の編集部自ら「人生で最高の1日」をそれぞれ制作してしまいました。
番外編の「おまけ」として、ご覧ください。

EDITORIAL《おまけ》 STAFF →

my golden day: - 編集部篇 -

KYRGYZSTAN キルギス・トクトグル

キルギス・オシュ〜ビシュケクのバス

緑色の高山。美しい山々に囲まれた湖。
鏡のように真っ青な空。
神様からの誕生日プレゼント。

まず、その日は誕生日だった。

目を覚ました場所は、中央アジアのキルギスの南部、オシュという町。
一人旅行で、旅行者も少ない上に、英語がほとんど通じない国。
誕生日だからといって誰かにお祝いされることも期待せず、首都ビシュケクへの移動で終わる一日になる予定だった。

早朝、バス停はいやに閑散としていた。たむろしているタクシードライバーたちに囲まれて、「バスはもうない」「乗っていけ」とありえない高値を提示される。しつこいドライバーを振り切り、市場で人に聞き回って、ようやく隣町のバス停から乗車できることを知った。

無事バスに乗り込み、しばらく行った休憩所で遅い朝食を食べる。
そういえばさっきタクシードライバーを振り切る時にカメラぶつけちゃったなと思い、バッグを開けて一眼レフを覗くと…… **レンズが割れている。**

ショックで言葉が出ない。
バスが発車するので、溢れてくる涙をぐっとこらえ乗車。

それから数時間、車窓を流れるキルギスの滑らかな山肌を、絶望的な気持ちでボーッと眺めていた。車中にはロシアンポップが大音量で流れる。
何もかも恨めしいと感じていたその時、山陰から現れた景色に目を見開いた。
山岳国であるキルギス特有の、雪をかぶった緑色の高山。その美しい山々に囲まれたトクトグル湖が、波一つ立てず、鏡のように真っ青な空をうつしている。
あまりの美しさに、
この景色を見るために旅を続けて来たのかとさえ思った。
カメラを持っていたら撮影することに必死で、この景色をこんなに堪能することは出来なかったかもしれない。
この時間が、神様からの誕生日プレゼントなんだと思った。

バスを降りて、トクトグル村の安宿にチェックイン。親日家のおじさんと友達になり、夜はビールで乾杯。更に、割れていたのはレンズではなくフィルターと発覚。

絶望から最高な気分に急上昇・・・どんな本やゲームでも、旅の感動やワクワクには敵わない。

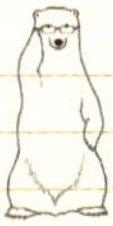

PROFILE
名前：小海 もも子　年齢：31歳　職業：A-Works編集部

ABOUT
国名・地域：キルギス・トクトグル
1日のルート：オシュ→バスで移動→トクトグル
旅の種類：一人旅

ACCESS
日本からウズベキスタンのタシケントまでは約5時間。タシケントからトクトグルまでは、乗り合いタクシーかバスを乗り継ぐ。途中国境を越え、キルギスタンのオシュにて一泊が必要。タシケントからオシュまで約7時間、オシュからトクトグルまでは約5時間。

my golden day : - 編集部篇 -

GUAM アメリカ・グアム島

海の上で包まれた最高の幸福感

3世代の大所帯トリップ。
身体の奥から沸き上がってくるような幸福感。

それは、母親の還暦祝いで行った家族旅行だった。
我が家の２歳の息子や３ヵ月になったばかりの娘、そして弟夫婦と10ヵ月の息子なども一緒で、総勢10人の大所帯３世代トリップになった。子どもが多いということもあり、行き先は移動時間の少ないグアム。ビーチとプールパークが目の間に広がるホテルを拠点に、のんびりと過ごす旅だった。

その日は朝から船に乗り、イルカウォッチングツアーに参加した。グアムの南に浮かぶ熱帯雨林に囲まれた小さな島・ココスアイランドの近くで船は停まり、泳ぐイルカの姿を眺め、シュノーケリングを楽しんだ後、スコールに降られながらバスでホテルに戻った。
少しするとスコールは上がり、バルコニーに出てみると、目の前の海に浮かぶ小さな島の上に、綺麗な虹が弧を描いていた。この島は「ひょっこりひょうたん島」のモデルになったと言われるアルパット島。海に目を移すと、そこには黄色いシーカヤックがいくつも浮かんでいた。

海に出て、１艘のシーカヤックを借りた。一番前に息子が座り、その後で息子を抱えるように妻が乗り込み、オールを持った自分が一番後ろに座った。
500mくらい先に見えるアルパット島を目指し、シーカヤックを漕ぎ出した。

青い空の下をゆっくりと。

最初は少し怖がっていた息子も、途中からは「ごーごー！」と腕を振って、本当に気持ち良さそうに、そして楽しそうにしていた。
格別な瞬間だった。身体の奥から沸き上がってくるような幸福感が３人を包んでいた。

その後、今度は親父と息子と３人でも乗ってみたが、これがまた素晴らしかった。
親父が息子を抱いて前に座り、自分が後ろでオールを漕ぐ。

言葉は少なく、ゆるい時間が流れていた。

島に着く手前で、母親と妹がシュノーケルをしていて、２人に手を振った息子は電池が切れるようにそのまま眠ってしまった。いろんな想いが交差する感慨深い時間だった。

グアムの海より綺麗なところはいくつも知っているし、もっと刺激的な体験も、もっと息を呑むような絶景も知っている。でも最高の1日を問われた時、真っ先にこの瞬間が思い出された。
もしかしたら、旅する場所なんて関係ないのか。
誰と、どんな時間を過ごすのか、それこそが旅の醍醐味なのかもしれない。

PROFILE

名前：滝本 洋平　**年齢：**33歳　**職業：**A-Works編集部

ABOUT

国名・地域：アメリカ・グアム島
1日のルート：グアム・ホテル「オンワードビーチリゾート」→ココスアイランド・ドルフィンウォッチングツアー→ホテルの前のビーチでシーカヤック
旅の種類：家族旅行

ACCESS

東京・成田空港から、直行便でグアムへ。片道約3時間半。

my golden day : - 編集部篇 -

THAILAND タイ・カオラック

タイで体感した極上の寛ぎ、新たな旅のスタイルを発見した1日

穏やかな空気感。幻想的な世界。タイで体感した極上のくつろぎ。

プーケットから車で約1時間。アンダマン海に面したカオラックの町に「サロジン」と名づけられたホスピタリティ抜群のリゾートがある。イギリス人夫婦が創ったもので、世界の数多の賞を受賞している。驚くことに、ふたりは資金集めから経営に至るまで、すべてが未経験だったということ。無類のリゾート好きだったふたりが想い描いた最高の理想を、現地の人々と苦楽を共にし、形にした夢の場所・・・。

入籍から半年ほど経った頃、新婚旅行を考え始めた。初めてふたりで行く海外。仕事柄、数十カ国を訪れていた僕らは“未訪問国”が、第一希望だった。また、遺跡や街、ショッピング…より、穏やかな空気感の中で寛ぐことができつつも、遊ぶこともできる場所。そして何より、快適な日々を約束してくれる滞在先…これらの希望が叶うと思ったのが、タイのサロジンだった。

滞在中の1日。部屋の外には、雲一つない青空が広がり、南国の日射しが降り注いでいた。

「この空気感、最高！」と心躍らせ、早速プールへ。
清潔なプールタオルや冷たいドリンクも用意され、一泳ぎした後は、プールチェアに横になる。涼しげな木陰と吹き抜ける風が、最高に気持ち良く、極上の寛ぎ時間となった。そして午後は遊び。象の背に揺られるエレファントトレッキングも楽しんだ。

夜はビーチでのBBQディナー。淡いキャンドルの灯りと共に、新鮮な海の幸や肉に舌鼓を打つ。会話が弾む楽しい食事だ。そして締めくくりは、「コムローイ」と呼ばれる灯籠飛ばし。熱気球の原理で浮力を得た灯籠は夜空へと、ぐんぐん上がり、他のゲストが上げたものと相まって、幻想的な世界を創っていた。

この1日で、**「何を見る、何をする」とは別に「誰と、何処に滞在する」をメインにした旅のスタイルもアリ！**と気づかされた。

オーナー夫妻が苦難を乗り越え創り上げた夢の場所は、僕らが想い描いていた**“穏やかな空気感の中で寛ぐことができつつも、遊ぶこともできる”旅**を叶えてくれた。

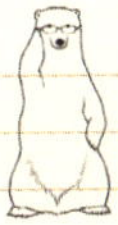

PROFILE
名前：多賀 秀行　年齢：31歳　職業：A-Works編集部

ABOUT
国名・地域：タイ・カオラック
1日のルート：リゾート→エレファントトレッキング→リゾート
旅の種類：ハネムーン

ACCESS
日本からタイのバンコクを乗り継ぎ、プーケットへ。日本～バンコクは約6時間30分、バンコク～プーケットは約1時間30分。プーケットからカオラックまでは車で約1時間。

地球は僕らの遊び場だ。
さぁ、どこで遊ぼうか?
自分の心に眠る、ワクワクセンサーに従って、ガンガン世界へ飛び出そう。
旅をすればするほど、出逢いは広がり、人生の視野は広がっていく。
あなたの人生を変えてしまうかもしれない、大冒険へ。
Have a Nice Trip!

自由人・高橋歩プロデュース!

最強旅ガイドシリーズとは?

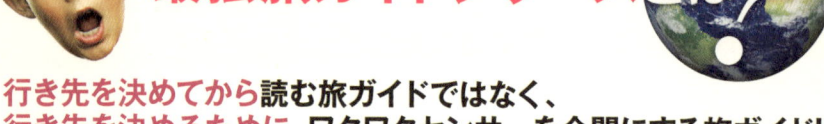

行き先を決めてから読む旅ガイドではなく、
行き先を決めるために、ワクワクセンサーを全開にする旅ガイド!

- 企業広告に縛られることなく自分たちの感性で自由に創るインディペンデント旅ガイド。
- 自由人・高橋歩をはじめとする、様々な旅人、旅のプロ、現地ガイドたちのナマ情報を集め、旅の予算から手配方法まで、丁寧に説明したガイド付き。
- 旅の準備にツカえる割引テクニック満載の情報ノートも充実!
- フルカラー、写真満載の豪華版。見ているだけでも楽しくなっちゃう!

【A-Works】 http://www.a-works.gr.jp/
【旅ガイド Facebook】 http://www.facebook.com/TRIPGUIDE

地球を遊ぼう!
DREAM TRIP GUIDE
本当に行けちゃう!
地球を遊び尽くすための完全ガイド

定価:1575円(税込)
発行・発売:A-Works
ISBN978-4-902256-27-7

地球を遊ぼう! DREAM TRIP GUIDE

人生で一度は行ってみたい…
そんな夢の旅に、手頃な値段で、本当に行けちゃう!
究極の旅ガイドが誕生。

大自然アドベンチャーから、衝撃フェスティバルまで、自由人・高橋歩を始め、旅のプロや現地ガイドたちのナマ情報を集め作られた、地球を遊びつくすための完全ガイド!

地球は僕らの遊び場だ。さぁ、どこで遊ぼうか?

●ゾウと泳ぐ魅惑のダイビング●120tのトマトを投げ合う最狂ファンキー祭り●アマゾンの密林で高さ70mの木に登り、ハンモックで1泊●熱帯雨林の秘境で鳥人体験●オーロラを求めて、犬ぞりキャンプツアー●ラクダのキャラバンでサハラ砂漠を歩く●5カ国をまたぐアフリカ大陸縦断の旅●グランドキャニオンの谷底をラフティング etc....

定価:1575円(税込)
発行・発売:A-Works
ISBN978-4-902256-29-1

7日間で人生を変える旅
7DAYS TRIP GUIDE

脳みそがスパーク!する極上の地球旅行!

限られた休日でも行けちゃう! 予算から交通手段、スケジュールまで、リアルでツカえる情報満載の旅ガイド!

この旅をきっかけに、人生が変わる。
きっと、新しい何かに出逢える。

●極楽砂漠! 世界一過酷で世界一美しいフェス●氷河に囲まれた秘境の海をシーカヤックで放浪●世界一のバンジー&カジノで人生を賭けた一発勝負!●タイの秘境で山岳民族と暮らす●スペインの古城に泊まりお姫様体験!●灼熱の砂漠を走り続ける世界一過酷なサハラマラソンへ挑戦!●格安&超弾丸世界一周プラン6! etc....

定価:1575円(税込)
発行・発売:A-Works
ISBN978-4-902256-34-5

地球でデート! LOVE TRIP GUIDE

ふたりきりで、夢のような別世界へ。

旅を愛するふたりに贈る、究極のラブトリップ26選。
気軽に行ける週末旅行から、一生に一度の超豪華旅行まで、愛の絆を深めるスペシャルトリップ!

世界中で、イチャイチャしちゃえば?

●窓も天井もないベッドで眠り、サバンナと星空に包まれ、野生動物に出逢う●すべてが氷で創られたアイスホテルに泊まり、オーロラに包まれる●地球史上最大、夢の豪華客船でカリブ海クルーズ●バイクでヨーロッパアルプスへ! 5カ国の大地を駆け抜ける、超贅沢ツーリング●別次元の碧が広がる、世界最高峰のビーチリゾートへ●豪華客船に乗り込み、地球の生命が溢れるアマゾン川の秘境を巡る etc....

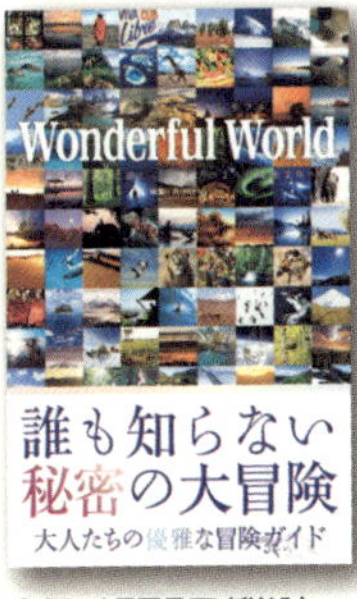

定価:1575円(税込)
発行・発売:A-Works
ISBN978-4-902256-38-3

Wonderful World
冒険家のように激しく、
セレブのように優雅な旅へ

誰も知らない秘密の大冒険

冒険と優雅が融合した、新しいスタイルのジャーニー
さぁ、素晴らしき Wonderful World へ
世界中の秘境が、僕らを待っている。
さぁ、次は、どこに旅しようか?

●南極点へ!世界一の秘境キャンプ●モルディブの島をまるごと貸し切り●砂漠のど真ん中の極上オアシスへ●世界一の星空鑑賞地アタカマ砂漠へ●オーストラリアのアウトバックで探検クルーズ●ロッキー山脈でヘリスキー●カナダの秘境でシーカヤック●19 世紀の探検家の様にゾウに跨がりタイの奥地を巡る●世界最強の砕氷船で北極点へ●地球を脱出し、成層圏へ!夢にまで見た地球を望む旅 etc....

定価:1575円(税込)
発行・発売:A-Works
ISBN978-4-902256-43-7

両親に贈りたい旅

お父さん、お母さんに、「夢の旅」を贈るためのガイドブック! 一緒に旅をして、特別な時間を過ごすこと。それこそが、最高の親孝行…。

親孝行で夢の旅へ。
かけがえのない時間を共有する家族トリップ!

●自然美の宝庫、カナディアンロッキーを親子でドライブ●煌めく海に囲まれた水上コテージで過ごす●世界最高峰エベレストを望む天空トレッキング●華の都パリを散策し、西洋の驚異モン・サン・ミッシェルを満喫●アロハ・スピリットが満ち溢れる楽園、ハワイ4島をまるごと巡る極楽クルーズ●アジアの至宝、アンコール遺跡群へ●
●世界遺産の島、屋久島で紀元前より続く神秘の息吹にふれる etc....

人生で最高の1日
～極上のハッピーに包まれる旅のストーリー88選～

2012年10月10日　初版発行
2012年11月20日　第2刷発行

編集　A-Works

プロデュース　高橋 歩
編集部　磯尾 克行・滝本 洋平・多賀 秀行・小海 もも子

デザイン　大津 祐子

スタッフ　高橋 実・伊知地 亮
経理　二瓶 明

イラスト　こまいぬ　http://ameblo.jp/koma8080/
写真　中川 宗典・池田 伸

発行者　高橋 歩

発行・発売　株式会社A-Works
東京都世田谷区北沢2-33-5 下北沢TKSビル3階　〒155-0031
TEL：03-6683-8463　FAX：03-6683-8466
URL：http://www.a-works.gr.jp/
E-MAIL：info@a-works.gr.jp

営業　株式会社サンクチュアリ・パブリッシング
東京都渋谷区千駄ヶ谷 2-38-1　〒151-0051
TEL：03-5775-5192　FAX：03-5775-5193

印刷・製本　中央精版印刷株式会社

ISBN978-4-902256-46-8